JN189182

地方創生のための構造改革

ECONOMIC CHALLENGES
FACING JAPAN'S
REGIONAL AREAS

独自の優位性を生かす戦略を

八田達夫・NIRA総合研究開発機構　共編

時事通信社

Translation from the English language edition:
Economic Challenges Facing Japan's Regional Areas
by Dr. Tatsuo Hatta
Copyright © The Editor(s) (if applicable) and The Author(s) 2018.
All Rights Reserved.

はしがき

本書の目的は、成長戦略としての地方創生のための具体的政策を提示することである。

安倍政権は、成長戦略として大きな改革を行ってきた。環太平洋パートナーシップ（TPP）の取りまとめ、電力自由化の推進、農協改革、国家戦略特区における都市再生政策の改革や、待機児童対策に関わるさまざまな規制改革などである。それにもかかわらず、「成長戦略は、アベノミクスの弱点だ」と言われてきた。

その一つの原因は、第2次安倍政権の2年目から始まった「まち・ひと・しごと創生総合戦略」と呼ばれる地方創生政策が、基本的に、地方〝バラマキ〟型の補助金政策であり、成長戦略としては極めて不備な点にあると言えよう。

成長戦略としての地方創生の基本は、地方が優位性を持つ分野で、そのポテンシャルを最大限に生かせる環境整備をすることである。そのためには、成長を妨げている規制や地方行政の仕組みを改めていく必要がある。

例えば農業では、株式会社の農地保有を積極的に進めていくことが重要だ。しかし、兵庫県養父市で唯一達成された実績を、早急に全国展開する努力を農林水産省が行っているということは寡聞にして聞かない。ホームステイは、地方の観光産業を大きく伸ばす方策になりうるが、その振興のための規制緩和は遅々としている。

一方、地方が強い優位性を持つ高齢者サービス産業は、地方自治体が国民健康保険の財源負担を強いられているため、自治体は高齢者施設の新設に許可を与えることに躊躇しており、地方における進展が妨げられている。

地方が優位性を持つ分野でそのポテンシャルを最大限に生かせる環境を整備するこれらの規制改革や行政改革こそ、地方に真の活性化をもたらす。しかしそれは既得権を脅かす改革でもある。このため、政治的・行政的な抵抗は極めて強い。長期的な成長効果が乏しい「まち・ひと・しごと創生総合戦略」のような補助金政策が、近視眼的な政治家たちに受け入れられやすいことと対照的である。実際、野党の多くは、アベノミクスの成長戦略を批判しながら、政治的に難しい規制改革や行政改革は提案してはいない。岩盤規制を守ることに汲々としているのだ。

アベノミクスの成長戦略としてふさわしいのは、この政治的に難しい、規制改革と行政改革である。本書は、各分野の第一線の学者によって、それらの改革が具体的にどうあるべきかを分析したものである。

ここで、「まち・ひと・しごと」に関する政策の理論的な根拠となった、日本創成会議の報告書*1について私見を述べたい。

この報告書は、日本の多くの市町村が２０４０年には消滅の危機に直面することを、具体的な市町村名を挙げて予測するという重要な分析を行った。この危機に対しては、さまざまな対策が考えられるが、それらは次の二つに分類できる。

第一は、数多くの自治体がスムーズに店じまいしていくための対策である。

第二は、条件が整った地方で、その優位性を十分に発揮して産業を創生できるように環境を整えるための対策、すなわち地方創生政策である。

第一の対策の中で最も重要な政策は、「平成の大合併」以上の規模での市町村合併である。しかしこの政策は、「まち・ひと・しごと創生総合戦略」の射程外に置かれている。

第二の対策としてこの報告書を踏まえて立案された「まち・ひと・しごと創生総合戦略」は、東京の成長を抑制し、その一方で地方に補助金を与えるとしている。東京が、アジアの極めて厳しい都市間競争にさらされ、日本全体の存亡が東京の成長にかかっている時代に、地方へのバラマキを主張するという旧態依然の政策的な展開は、与野党の政治家への受けを狙ったポピュリズムの極みと言えよう。[*2]

＊1　日本創成会議・人口減少問題検討分科会『成長を続ける21世紀のために「ストップ少子化・地方元気戦略」』、平成26年5月8日

東京も地方もそれぞれの特性を生かして国際競争に勝ち抜くことができる環境をつくることが地方創生の基本でなければならない。本書は、その観点から地方創生政策を論じるものである。

次に、本書誕生の経緯に触れよう。2015年に、公益財団法人NIRA総合研究開発機構（NIRA総研）が、日本の政策論争の第一線で活躍する学者による最新の政策論考を海外の読者に紹介するため日英両語による政策論議プラットホームであるSPACE NIRA（http://www.spacenira.com）を企画・制作した。その第1弾のトピックとして、八田が「地方創生を実現するために必要な規制改革と行政改革」を設定し、また、個々のテーマと執筆者の選定、そして原稿に対するコメントを担当した。

本書の内容は、基本的に、このサイトに発表された論考に加筆等をしたものである。[*3] 本書の論文の一つ一つは比較的短く、その一方で多様な分野にまたがっているのは、このサイトの主目的が、現在の日本での政策論争を海外に紹介することにあったためである。

本書の出版にあたって、NIRA総研は、このプロジェクトを企画するだけでなく、ネイティブスピーカーによる翻訳、校正作業、各執筆者や内外の出版社との交渉・調整を含めて、シンクタンクによる通常の企画制作をはるかに超えた広範な編集作業を行った。本書がNIRA総合研究開発機構と私の共編になっているのは、このことを反映している。特に神田玲子氏による企画力と、全行程における森直子氏による、また最終段階における榊麻衣子氏の献身的な編集支援には深く感謝したい。

ただし、このはしがきや総論を含めて本書の個々の論文の提案や意見の責任は、それぞれの執筆者にある。NIRA総研は個々の提案に組織として責任を負うものではない。

本書が、現在の日本の政策問題に関心を持つ研究者、自治体関係者などにとって、活発な論争の出発点になることを願うものである。

編者を代表して、八田達夫

＊2　同報告書は、東京成長抑制策の根拠として、「これ以上の『東京一極集中』は、少子化対策の観点からも歯止めをかける必要がある」としたが、この根拠が成り立たないことは、本書の総論および第5章に詳しく論じている。
＊3　本書の英文版は、Hatta, T. (ed.), Economic Challenges Facing Japan's Regional Areas, Palgrave Pivot, 2018として出版された。

第3章　観光政策

第5章　少子化対策

装幀・本文デザイン　梅井裕子(デックC.C.)

総論

地方創生政策の選択肢

ALTERNATIVE POLICIES ON REGIONAL REVITALIZATION IN JAPAN

地方創生政策の選択肢

アジア成長研究所理事長　八田達夫

地方創生政策としての構造改革

大都市に比べて地方の生産性は低い。政令指定都市と東京都とを合わせた大都市地域の1人当たり生産額は554万円であるのに対して、その他の地域のそれは341万円でしかない。[*1] 地方創生は、現在の日本にとって大きな政策課題である。

地方創生政策には、大きく分けて補助金政策・規制改革・行政改革という3タイプの改革がある（図表-1）。

安倍政権は地方創生のために、国の特定地域への**補助金政策**と、**規制改革**を行ってきた。図表-1はこのことを示している。具体的には、まず「まち・ひと・しごと創生総合戦略」の仕組みを

図表-1　安倍政権の政策には、不必要な補助金政策が盛り込まれ、必要な行政改革が欠けている

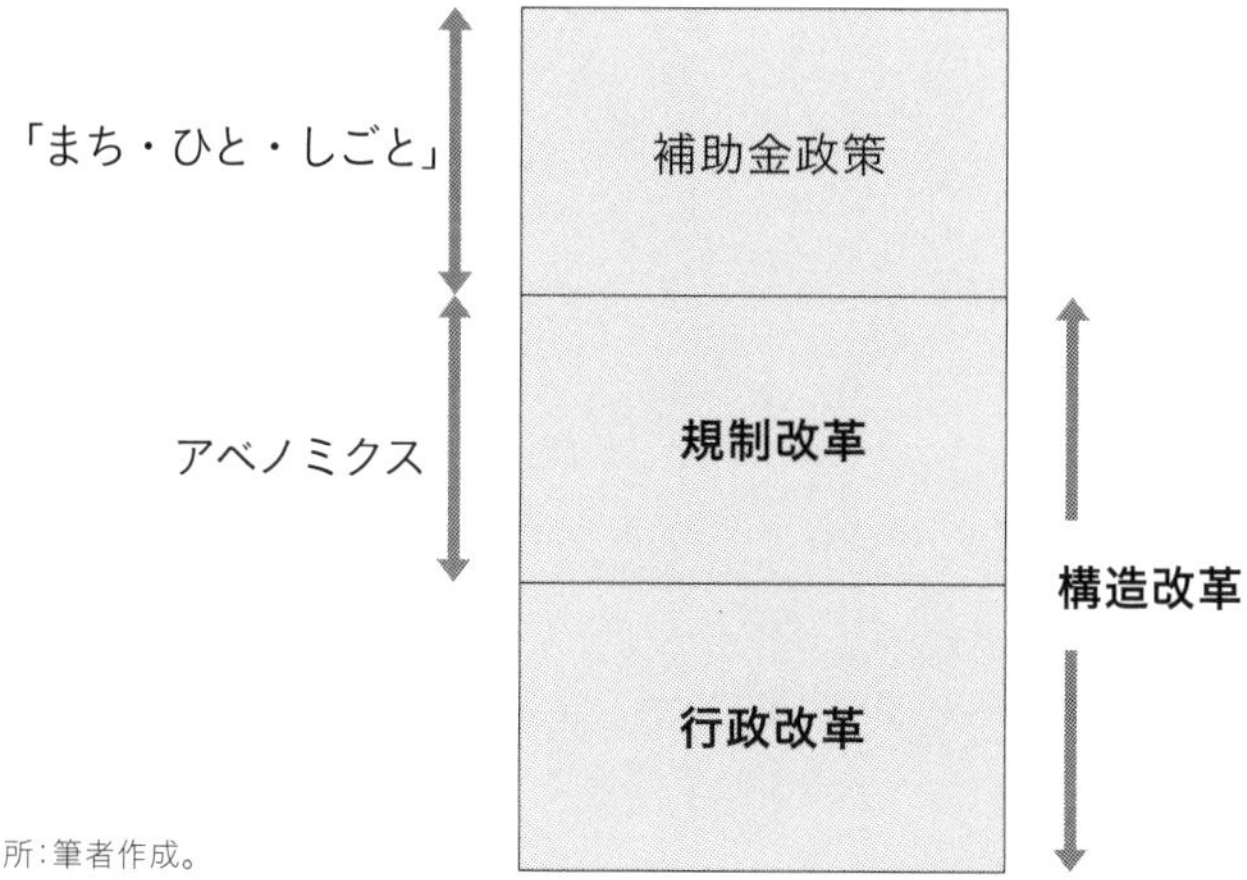

出所：筆者作成。

用いて、日本の出生率改善を目的とする、若者の首都圏から地方への移住のための**補助金政策**を行ってきた。

次に、アベノミクスの成長戦略として、農協特権を与えている農業協同組合法（農協法）を改正したり、国家戦略特区において企業の農地保有を可能にしたり、民泊を可能にしたりといった、地方活性化のための**規制改革**を進めてきた。

長期的な地方創生に有効なもう一つの改革は、地方自治体と国との間での財政負担に関

＊1　2013年の県民経済計算（生産側・実質）および推計人口より算出。なお、静岡市・堺市・浜松市・相模原市・熊本市は市内総生産の数値を発表していないため、ここでの政令指定都市には含んでいない。

する**行政改革**である。すなわち、自治体にインセンティブを与える地方分権制度改革だ。規制改革と行政改革とは、「構造改革」と総称できる。

地方創生に有効なのは、この構造改革である。実は若者の地方移住促進を目的とした補助金政策は、長期的な地方創生に役立たない。本書の目的は、このことを示し、その上で地方創生に役立つ構造改革を具体的に示すことである。

実効性の低い補助金政策

まずは補助金政策の不毛性を示そう。

政府は、「まち・ひと・しごと」の財政措置の一環として、就農支援などへの国の補助金や地方財政の経費のために、2015年度1・7兆円、16年度1・8兆円の予算案を組んだ。首都圏への人口流入を抑制することで、国の経済成長を促すことを意図している。しかしこれは、重大な事実誤認に基づいた政策である。本項では、出生率改善を目的とする財政措置が、地方創生に役立たないものであることを示そう。

政府の地方創生策の論理は、中都市の強化によって、出生率が極めて低い東京への人口の一極集中を是正すれば、国の出生率を改善でき、国全体の競争力の向上をもたらすというものだ。[*2] しかし、この論理の前提は事実と異なる。

図表-2　全国主要都市における人口増加率(1965-2010年)

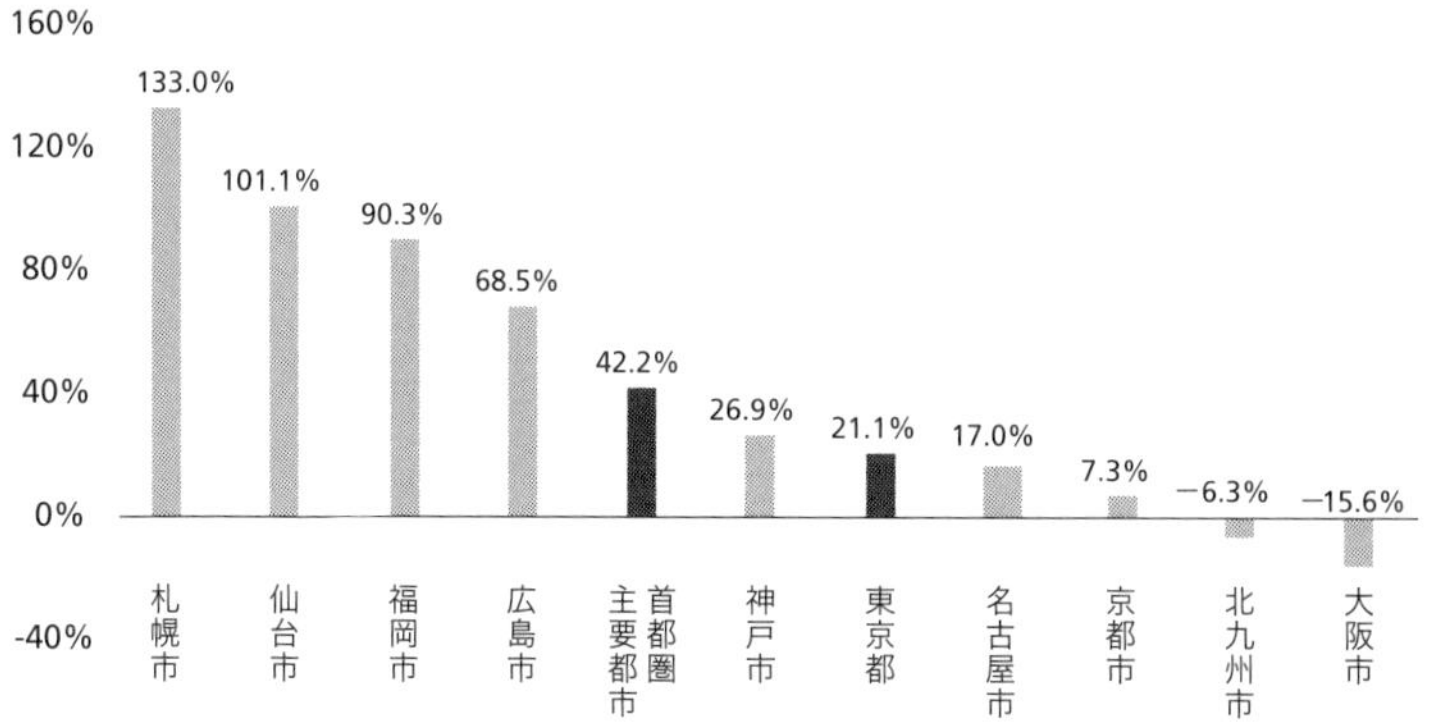

注:首都圏主要都市とは、東京都・横浜市・川崎市・千葉市・さいたま市のことである。
出所:大都市統計協議会『大都市比較統計年表』、総務省統計局『国勢調査』より筆者作成。

第一に、人口の東京一極集中が起こっているとしている。しかし1965年から2010年にかけての人口の増加率は、首都圏主要都市（横浜市・川崎市・千葉市・さいたま市の現在における行政区域+東京都）と比べて、札幌市・仙台市・広島市・福岡市（札仙広福）の方が高かった（図表-2）。これは2010年以降に限っても同様だ。[*3]

日本では人口が地方から首都圏に一極集中したのではなく、全国の小都市から全国の大・

＊2　内閣府『まち・ひと・しごと創生総合戦略』2014年12月27日、1頁参照。

＊3　最新データである2010年から2015年では、札仙広福の人口の合計の伸びが3・0%であったのに対して首都圏主要都市のそれは、2・4%に過ぎなかった。

図表-3　政令指定都市および東京都の合計特殊出生率(2010年)

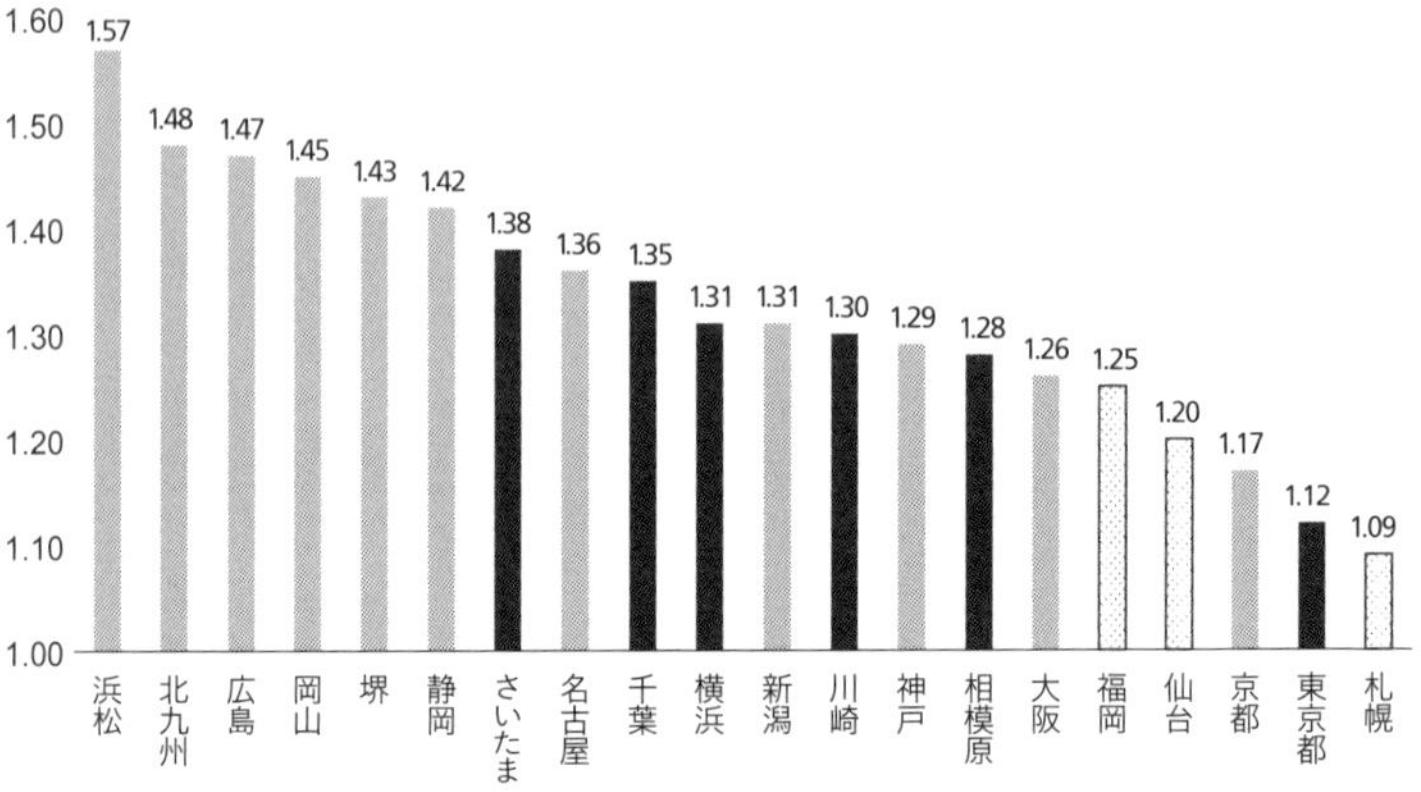

出所:厚生労働省『平成22年(2010)人口動態統計(確定数)』「第3表-2」より筆者作成。

中都市に人口が移動した。すなわち、多極集中が起こったのである。

第二に政府は、少子化対策――すなわち出生率の引き上げ――のためには、「地方に比べて低い出生率の東京圏」への、若い世代の人口流入を抑制する必要があるとしている。しかし、**東京圏の出生率は、地方に比べて低いわけではない。**

2010年の政令指定都市の合計特殊出生率を比較すると、図表-3が示すように確かに東京都(1・12)は大都市でも低い方だ(区部は、1・07とさらに低い)。

しかし図表-3は、横浜市・川崎市・さいたま市・千葉市などの、首都圏のベッドタウンである政令指定都市では、どこも出生率が1・30前後であることも示している。これは、札幌市(1・09)・仙台市(1・20)・福岡市

図表-4　1人当たりGDP成長率と人口成長率の関係（1970-2011年の平均）

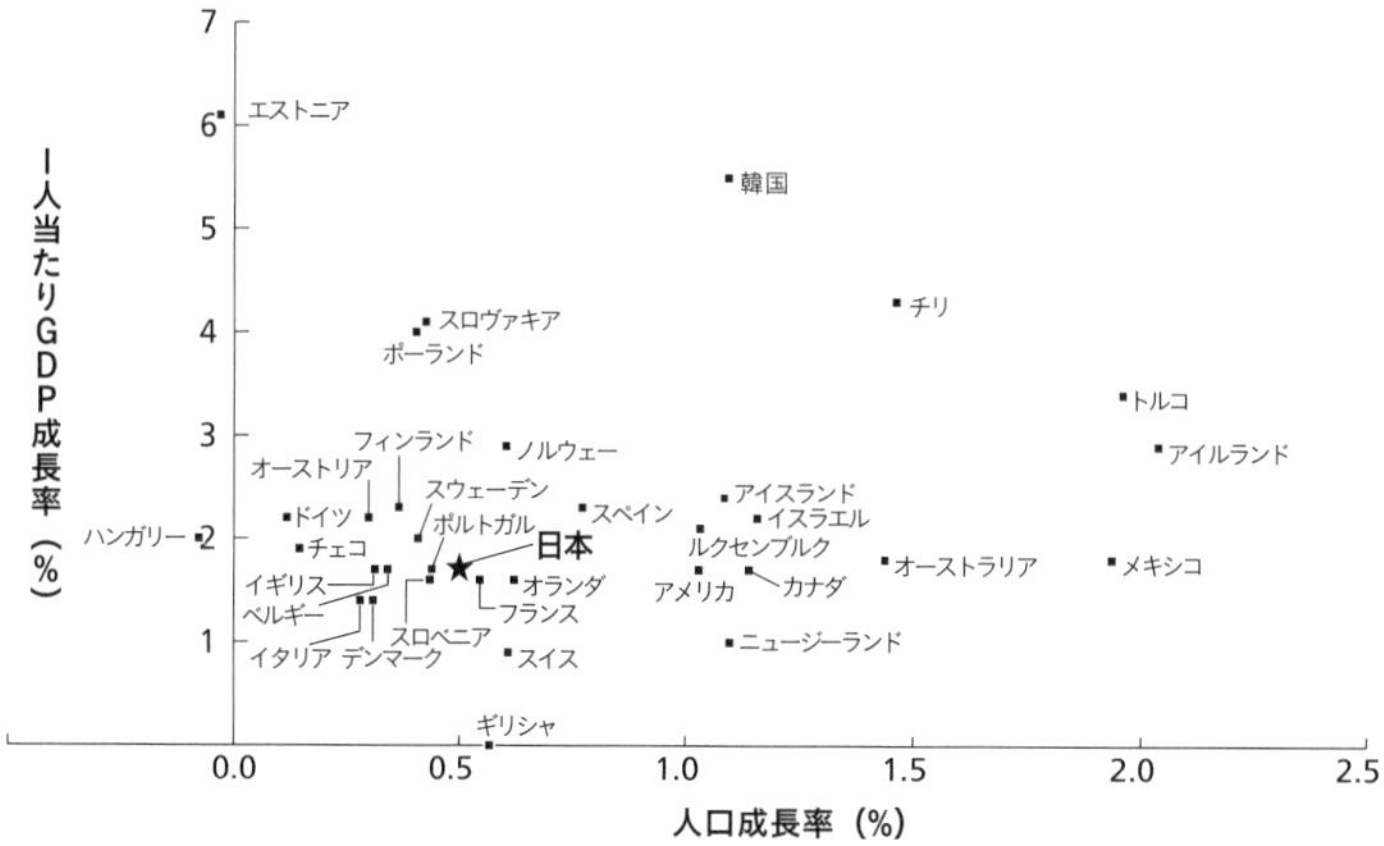

出所：OECD Health Statistics 2013、OECD Factbook, 2009年および2014年より筆者作成。

（1・25）などの地方大都市よりも高い。

つまり、首都圏への人口流入を抑制するのは、出生率を上げる目的には反する。

第三に、人口減少が日本全体の「競争力を弱めることは必至である」としている。しかし過去40年間の経済協力開発機構（OECD）加盟国のデータによれば、1人当たり国内総生産（GDP）成長率と人口成長率とは無関係だ（図表-4）。人口の伸びを高めれば生産性の伸び率が高まるわけではない。

したがって、補助金政策による首都圏への人口流入抑制は、成長戦略たり得ない。

本書の内容

構造改革の効果は、地方が比較優位を持つ産業の成長を限定している制度的な障害を取り除くことである。地方が明確に比較優位を有し、持続的成長が可能な分野は、①農業・水産業などの第1次産業、②観光産業、および③高齢者向けサービス業である。このうち①と②は、既得権を守るための**参入規制**が成長を阻害している。③は、現在の**地方分権制度**が成長を阻害している。

したがって、地方創生のために有効な構造改革は、(Ⅰ)**規制改革**と(Ⅱ)地方分権制度に関する**行政改革**とに分類できる。本書はそれぞれの主要な論点を明らかにし、これからの構造改革の拡大の方向を示す。本書の構成は次のとおりである。

第Ⅰ部　規制改革

第1章　農業政策

第2章　漁業政策

第3章　観光政策

第Ⅱ部　行政改革

第4章　高齢化への対応策

第5章　少子化対策

第6章　地方財政制度

第Ⅰ部では、第1次産業や観光産業において、どのような規制緩和が生産性向上に有効であるかを論じる。

第Ⅱ部の行政改革では、高齢化への対応策と少子化対策のために、どのような地方分権制度が必要か、すなわち地方自治体の公共サービス提供のインセンティブを削いでいる制度をどう改革すべきかを論じる。ここで第Ⅱ部の第5章として「少子化対策」を論じるのは、国が現在、地方創生策の根拠としている少子化対策のためには、地方都市への補助金政策より、地方分権制度改革の方が有効であることを示すためである。

第Ⅰ部　規制改革

若者を地方へ呼び入れ、生産性を引き上げるには、第1次産業や観光産業といった地方が比較優位を持つ産業への企業参入を自由化することが有効だ。

安倍内閣は、農業では、農業協同組合（農協）や農業委員会などの改革を行い、漁業では、養殖業に関する漁業権を企業にも開放する端緒をつけた。さらに観光業でも、例えば民泊の自由化等の規制改革を行い、産業が活性化し始めた。これらの改革をさらに進め、地方が比較優位を持つ分野に、企業が自由に参入できるようにすべきだ。

企業参入の自由化は、さまざまなアイデアを自発的に生み出し、地方経済の活性化を実現するための強い体力をつくる。それをせずに農業就労支援などに予算を配分すべきではない。むしろ、参入自由化で既得権を失う者への直接所得補償に配分すべきだ。

第1章　農業政策

（総括：本間正義、論点1・論点2：大泉一貫・山下一仁）

農業活性化のカギは、企業参入の自由化である。

先端的農業経営者は共通して、生産から消費までの流れをトータルとして把握するフードチェーンの構築に重点を置いている。しかし大泉論文は、こうしたフードチェーンの十分な構築を妨げている原因は、日本の農産物が、コメの主要食糧の需給及び価格の安定に関する法律（食糧法）や生乳の指定団体制度などによって、生産者サイドと消費者サイドとに分断されてしまっていることにあると指摘する。日本農業の新たな展開を本格化するためには、こうした分断を支配している制度の根本的改革が必要であると、大泉氏は結論づけている。

山下論文は、大泉論文が指摘する旧式の流通制度を「アンシャン・レジーム」と呼び、その背景に農協があることを論じる。日本の農協は、戦時中の農産物統制業務を請け負った全国組織が戦後農協として引き継がれたものである。したがって日本の農協は、農政の末端実施官制組織としての位置づけが当初からあり、それと引き換えにさまざまな特別待遇が与えられた。

山下論文は、それらの特権を維持することに固執する農協が日本農業の衰退を招いたと分析する。特に、農協の手数料収入維持のため高米価政策がとられ、コメの減反政策と、禁止的に高いコメの輸入関税率設定とが行われていることを指摘し、次のように説いている。

「高い関税で守ったとしても、国内市場は人口減少で縮小してしまう。国内市場だけでは、農業は安楽死するしかない。品質の高い日本のコメが、減反廃止によりさらに価格競争力を持つようになれば、関税が不要になるばかりか、輸出によって世界の市場を開拓できる。これこそ日本農業再生の道である」

本間は、第1章総括を次のようにまとめている。

「農協は旧態依然であっても、農業者は前に進んでいる。コメ農家では100ヘクタールや200ヘクタール規模の経営者が全国に現れ、ICTや新技術を駆使する野菜・果樹農家も少なくない。酪農においても、指定団体を通さず生乳を流通させる農家や流通組織も出てきた。

農業政策の課題は、こうした新たな展開をいかにサポートし、多くの農業者をその輪の中に取り込んでいくかである。なにより、彼らの活動の邪魔をしないことが第一であるが、フードチェーンを分断している制度の抜本的改革が必要である。さらには、減反政策の撤廃、自由な農地取得を妨げている農地制度の見直し、そして農協改革のさらなる推進のため、農協経営の効率化と農協間の競争を促す政策が望まれる」

第2章　漁業政策

（総括：小松正之、論点1・論点2：濱田弘潤・児矢野マリ）

日本の水産業は、ＯＥＣＤ加盟国の中で凋落が最も著しい。その原因の一つは、沿岸漁業および遠洋漁業を含め、日本では漁獲量制限の管理が不十分なことである。日本は、全体の総漁獲量が制限水準に達すれば、全員が漁獲を止めなければならない仕組み――いわゆるオリンピック方式――を採用している。このため漁業者は、スピードを競って獲ろうとするので、結果的に稚魚が漁獲され、水産資源の保存に役立っていない。

それに対して、日本が魚を輸入しているノルウェー・カナダ・アメリカ等の国々では、船ごとに漁獲量を割り当てる「ＩＱ:Individual Quota」が採用されている。このためどの船も、キロ当たりの市場価格が高い大きな魚のみを獲る。それゆえ水産資源が保存されている。日本では、この制度の導入が既存漁業者の反対によりほとんど行われていない。

ただし日本初のＩＱが、エビに関して佐渡島で実施され、濱田論文はその効果を報告している。特に単価の高い時期における漁獲が可能になったため、平均単価が増大し、短期的にも漁業者に恩恵を与えていることが示された。また児矢野論文は、北海道におけるナマコやウニなどについての資源管理が行われている状況と、その法的論点に関する考察をまとめている。

第2章の総括は、佐渡島で日本最初のＩＱを新潟県参与として導入した小松が執筆している。

第3章　観光政策
（総括：篠原靖、論点1・論点2：溝尾良隆・富川久美子）

観光産業も、地方が比較優位を持ちうる産業である。インバウンドの旅行者数は、２０１６年には２０００万人を突破し、急速に伸びている。篠原が総括論文で指摘するように、「観光戦略では世界各国が競争相手となるため、目標を達成するには、観光関連規制の緩和や日本の観光の奥行きを深める受け入れ態勢のイノベーションが不可欠になっている」。

観光分野で最も必要な規制改革の一つは、民泊に関してである。インバウンドの旅行者数の伸びとともに、ホテルの床面積不足が明白になってきた。しかも外国人旅行者は、日本の生活を体験したいと考えるため、ホテルよりは民家に滞在したいと考える。さらに、台所や洗濯機がある一般の家屋の方が使いやすい。

しかしながら、従来は住宅の1カ月未満の賃貸借を旅館業の一種とみなす通達があったため、合法的に民泊はできなかった。そこにＡｉｒｂｎｂなどによる便利な宿泊斡旋サービスが発達したために、厳密に言えば違法な民泊が多く行われるようになった。この状況――すなわち、インバウンド旅行者数の急激な増加に伴うホテル不足と、Ａｉｒｂｎｂに代表される民泊斡旋サービスの発達――を受けて、合法的な民泊が可能となる改革が、国家戦略特区で行われ、２０１５年に東京都大田区がまず認定された。さらには貸出期限が2泊3日以上の民泊も、２０１６年9月から全国の特区で可能になった。

そもそも借地借家法は最低の貸家期間を設けていないから、1泊から貸せるのが建前である。一方、旅館業法では、第2条で旅館業を「宿泊料を受けて、人を宿泊させる営業」と定め、さらに「宿泊」の要件として、「寝具を使用して」施設を利用することと定めている。すなわち実質的には、衛生的なシーツの換えを用意するサービスを伴う貸家が旅館業だと考えられる。したがって、自身が食事を作り洗濯をすることが前提の民泊は、通常の住居の貸家そのものである。ところが、旅館業界の強い政治力によって、いわば法律が曲げられ、規制が行われてきた。

国家戦略特区で可能になった民泊では、元来の借家業および旅館業の正当な解釈に戻り、宿泊用に提供される家屋を借家であるとした。その上で、テロ対策などのために貸主に借家人名簿を備え付けさせたり、近隣とのトラブルがあった際の解決窓口を作ったりすることを条件に、短期の借家として用いられることが定められた。この経緯を富川論文が示している。

なお、2018年6月よりいわゆる民泊新法が施行され、特区外でも民泊が可能となった。しかし、年間利用日数を180日に限るなど条件が厳しく、あまり活用されていない。特区民泊の方式を全国展開すべきである。

次に、地方における観光産業振興においては、溝尾論文が論じているように、地方が主体となることが重要である。特に現在では、多様な旅行者の趣向に合った旅行計画を提示することが観光地の発展に不可欠となっている。ところが従来は、地元にふさわしい旅行をデザインしたい事業者は、「旅行業務取扱管理者」という、非常に科目数の多い試験を受けた管理者を置いて登録しなければならなかった。しかし、地域のことを十分に知っている人ならば、その地域に関する旅行計画が立てられるはずである。従来、この試験が地域のノウハウを持った人に開放されていなかったために、インバウンド増加に対応できなかった。このため、国家戦略特区の秋田県仙北市においては、地域限定の旅行業務取扱管理者の試験が行われることが決まった。このような規制緩和が日本全国で行われると、溝尾論文が提唱している地元主体の観光振興が全国で行われるようになるだろう。

第Ⅱ部　行政改革

地方創生に有効なもう一つの改革は、地方自治体と国との間での財政負担に関する**行政改革**である。ただしこれは、単に地方分権を進めればよいという単純なものではない。

地方自治体の仕事は、次のように大別できる。

(a)　医療や教育、生活保護のように、国が全国で等しいサービスを義務づけている「**国家機能サービス**」

(b)　公民館、図書館、音楽ホール、高齢者見守りサービスのように、地方自治体独自の工夫によって自由な選択をすべき「**地方公共財サービス**」

前者については、国が全面的に費用を負担し、後者については、原則として自治体に歳入・歳出

図表-5 地方自治体の支出対象と財源の量に関する裁量性

支出対象		(a)国家機能サービス(医療・教育・生活保護 etc.)		(b)地方公共財サービス(公民館・音楽ホール・高齢者見守りサービス etc.)	
財源	原則	① 国		② 自治体	③ 国(財政平準化)
	現実	④ 国	⑤ 自治体	⑥ 自治体	⑦ 国(財政平準化)

自治体にとって与えられた財源
自治体の裁量で動かせるはずなのに動かしにくい財源
自治体の裁量で動かせる財源

の規模を任せるべきである。ただし、自治体間の貧富の格差を縮めるための、国による一定の財政調整は必要だと考えられている。この結果、国と自治体の財源に関する役割分担の原則は、図表-5の①〜③が示すとおりになる。すなわち、①「国家機能サービス」支出と、③「地方公共サービス」支出のうち、国による地方への再分配の支出額は、それぞれ国が決める。その上で、②「地方公共財サービス」支出のうち、国による再分配で賄えなかった部分の支出額は、自治体に全面的な裁量権が与えられるべきだ。

ところが、現状の財政負担の分担制度は図表-5の①〜③のようになっておらず、図表-5下段④〜⑦のようになっている。すなわち、自治体に裁量を与えるべきでない財源に裁量が与えられ、自治体に全面的な裁量権を与えるべき財源に小さな裁量の余地しか与えられていない。これでは、自治体に適正な改革の支出を対象ごとに行うインセンティブを与えていないことになる。

まず、図表-5の①の国が負担すべきサービスについては、現実には、同図表の⑤が示すように、自治体の負担が求められている。このために高齢者の流入を抑えるインセンティブが働き、④と⑤の両方を自治体が裁量で動かせるようになっている。実際、第4章の高齢化への対応策および第5章の少子化対策で示されているように、地方自治体がサービスの供給自体を減らし、住民の移動を抑制している。

一方で地方公共財の財政負担については、図表-5の②の、自治体が財源を調達すべき部分と、③の国が自治体間の財政調整を行う部分とがある。現実には、この部分についても自治体に歪んだインセンティブが与えられ、適正な量の地方公共財が供給されていないことが、第6章の地方財政制度で示される。

第4章　高齢化への対応策
（総括：鈴木亘、論点1・論点2・論点3：岩本康志・林正義、八田達夫）

地代が安い地方は、明らかに高齢者施設供給に比較優位を持っている。

それにもかかわらず引退者が地方に移住しない理由の一つは、地方自治体自体が高齢者の流入を歓迎しないことにある。例えば、自治体は介護保険事業計画で新たな介護施設を設けることには消極的だ。大都会から移住してきた高齢者は地元に税金を払ってくれないのに、自治体は介護保険や国民健康保険などの社会保障に関して大きな地元負担をしなければならないので、正直迷惑なのだ。

例えば国民健康保険では、国や県は医療給付の一定割合しか負担してくれない。残りは「保険料+地元の負担」で賄われる。したがって高齢者が増えれば増えるほど、地元負担が多くなる。同様の問題を介護保険も抱えている。したがって林論文が指摘するように、自治体は、介護施設の新設を許可しないことを通じて、高齢者の移住を抑制するインセンティブを持つ。

鈴木による総括論文は、高齢者の流入先の自治体に社会保障の追加財政負担を原則的には発生させない制度に改革をすれば、自治体は高齢者の流入を歓迎する動機を持つようになることを示している。

国民健康保険の場合、それは次のような改革である。①現状の自治体ベースの制度は維持する。②加入者の年齢ごとの全国1人当たり平均給付額を、年齢ごとの「モデル給付額」（疾患リスクを反映して高齢者のモデル給付額は高い）とし、それに相当する額を、その年齢の加入者への国費負担とする。すなわち③高齢者の国保財源は、地方税や保険料ではなく、国税で賄う。④地元高齢加入者全員への実際の給付総額とモデル給付額の総額との差を、地元自治体の負担とする——というものだ。

この仕組みでは自治体負担は平均的にはゼロとなる。ただし、例えば自治体が予防行政を怠ったために住民の年齢相当分以上に医療費がかかれば、差分は自治体が負担する。

この改革が行われると、高齢者は、年齢ごとに全国同一額の国費負担金を持参して地方に移住してくれるから、自治体にとって歓迎すべき住民になる。自治体は、新たな介護施設を認可するなどして、大都市からの退職者の移住誘致を始めるだろう。誘致に成功した地方中都市では、持続的な雇用がサービス産業を中心に起こる。このため、若者も移住してくる。地方は、自身の比較優位を活用した成長を果たすことができる。

岩本論文は、この提案を行い、②の各年齢の加入者への「モデル給付額」に基づいた国庫負担を、自治体間の「リスク構造調整」と呼んでいる。

林論文は、現行の国民健康保険制度における複雑な負担の役割分担を整理した上で、介護保険制度における同様の問題も指摘している。

八田論文は、上記の改革モデルにおいて国が負担すべき「モデル給付額」が、65歳未満では年12・5万円であり、65歳以上では55・6万円増えることを示している。

第5章　少子化対策
（総括：八田達夫、論点1・論点2：中川雅之・鈴木亘）

政府は、少子化対策――すなわち出生率の引き上げ――のためには、「地方に比べて低い出生率の東京圏」への、若い世代の人口流入を抑制する必要があるとしている。

しかし前述したように、図表-3は、横浜市・川崎市・さいたま市・千葉市など、首都圏のベッドタウンである政令指定都市ではどこも出生率が1・30前後であり、札幌市（1・09）・仙台市（1・20）・福岡市（1・25）などの地方大都市よりも高いことを示しているから、首都圏への人口流入抑制は、出生率引き上げの目的には反する。

では、東京都自体の出生率はなぜ低いのだろうか。中川論文によれば次のとおりである。まず東京都には、学生や新卒の女性が地方から教育や職を求めて流入する。彼女らが結婚し、子育てを始める頃になると、より安い家賃を求めて、郊外の千葉や埼玉に移っていく。このため東京都の出生率は低いまま保たれ、周辺都市の出生率は高くなる。一方、東京以外の大都市の多くは、郊外の大きな部分が市域に含まれているために、郊外の大部分が市域外にある東京都に比べて出生率が高くなっていると考えられる。中川は、仙台市・福岡市・札幌市でも、郊外では婚姻率が高く都心では婚姻率が低いことをデータで示した。したがって、東京で認められた傾向が、同様に認められるわけである。このため、首都圏の待機児童問題解決の方策として、政府が促進している若者の地方移動促進をする財政措置は役に立たない。むしろ有効な対策は、地方財政制度の改善である。

鈴木論文は、地方財政制度が待機児童数を不必要に大きくしているので、この制度を改善すれば、全国の出生率を引き上げられると指摘する。

まず鈴木によれば、金をかけて待機児童対策をした市には、周辺の他都市から「子育て難民」が流入し、かえって待機児童が増えてしまう。それによって当該市に発生する費用の増加分は保険料や国からの補助金増額では賄えない。このため市の保険費純支出が増大するから、市が待機児童対策を行うインセンティブを削いでいる。これが、待機児童が大都市ほどいつまでたっても減らないという状況をもたらしている。

この問題を克服する抜本策は、国が、各自治体に子育て支援の「モデル給付額」を支給し、自治体自体が子育て支援の負担をしなくても済む仕組みにすることである。すなわち、保育の標準的な必要額（モデル給付額）を、全額、国が各自治体に対して支払う。こうすれば、標準的な子育て対策を行うための各自治体の負担はゼロとなり、人口流入による追加的な子育て対策費用を、国からの支援の増加によって賄えられることから、過少供給を防ぐことが可能となる。この問題に対する適切な財政措置をとることによって、各自治体は、子育て難民の流入を恐れることなく、思う存分、施設を充実させることができる。全体として、少子化対策に大きな効果がもたらされるであろう。

第6章　地方財政制度
（総括：佐藤主光、論点1・論点2：小林航・宮崎智視）

次に地方公共財の財政負担を考えよう。これについては、図表1-5（15頁）の②の、自治体が財源を調達すべき部分と、③の国が自治体間の財政調整を行う部分とがある。

宮崎論文は、自治体が裁量で自由に調達すべき財源②が、⑥のように制度的に裁量が効きにくくなっていることを示している。その原因は、課税自主権の制限、さまざまな特例措置、実質的資本課税などである。例えば固定資産税についても、小規模住宅に対する軽減措置（課税標準を6分の

1に圧縮）など、応益課税からの乖離がある。宮崎は、応益課税を徹底するための改革を提言している。

一方、原則として自治体の裁量で動かすべきではない③の国による再分配の部分を、現実には⑦のように、自治体の裁量で増やすことができる仕組みになっているため、過大な費用を国が最終的に負担する構造になっている。

特に、国の財源保障は地方債にも及ぶため、地方債の金利を国債並みに下げてきた。佐藤論文が指摘するように、この低い地方債の金利は、公共事業・公共施設の（リスクを含む）本来のコストを不明瞭にしてしまっている。

さらに佐藤論文は、この財源保障の歴史的原因が「地方自治体は国（中央政府）が企画・立案、財源調達（財源保障）した政策・事業を執行する、いわば『国の下部組織』にすぎなかった」ことにあるために、「自治体が自ら決めた政策・事業（単独事業など）に対して住民がコストを負う（コスト意識を持つ）『限界的財政責任』を欠如させた」と指摘している。

小林論文は、この問題を改善するために、交付税に係る三つの課題である①財源保障の範囲と水準、②自治体の財政力の測定、③不交付団体の制度の改革を提案している。

地方創生のためには規制改革・地方財政改革に取り組め

経済成長戦略のカギは、低生産性部門から高生産性部門へ資源を移動させることだ。第1次産業企業や高齢者向けサービス企業は、豊かな自然を持ち広々とした土地がある地方で高い生産性を発揮する。一方、多くの国際的な先端企業は、集積の利益のある大都市で高い生産性を発揮する。

「まち・ひと・しごと」の地方創生政策は、第1次産業企業の地方立地や高齢者の地方への移動を妨げている現行制度を残したまま、先端企業の地方移転を促そうとするものだ。野球に飛び抜けた才能のある子に、運動場を使わせないで数学の参考書ばかり買い与えるような政策だ。

企業も高齢者も若者も地方と大都市との間を自由に移住できるようにすれば、自身が最も高い生産性を上げられる土地を選べる。それこそアベノミクスの第3の矢にふさわしい持続的な地方創生策だ。しかしそれを実現するためには、参入規制改革と地方分権制度の抜本的な改革とが不可欠なのである。

ただし、これらの構造改革が困難なのは、それによって既得権を失う個人や事業者がいるためである。したがって、構造改革を推進するためには、彼らに対する補償を退職金のように一括で支払うことが役立つ。地方創生のためにあえて財政補助も行うとすれば、地方における事業への直接的な補助金にではなく、構造改革によって損害を受ける既得権者への補償に用いるべきである。

第Ⅰ部

規制改革

REGULATORY REFORMS

第 1 章

農業政策

AGRICULTURAL POLICY

総　括

農業政策の論点

AGRICULTURAL POLICY: SUPPORTING THE NEW DEVELOPMENTS IN JAPAN'S AGRICULTURE

論　点　1

新たな農業の展開

A NEW DIRECTION FOR AGRICULTURE IN JAPAN

論　点　2

農政アンシャン・レジームからの脱却

JAPAN'S AGRICULTURAL POLICY: ESCAPING THE "ANCIEN RÉGIME"

総　括

農業政策の論点

AGRICULTURAL POLICY: SUPPORTING THE NEW DEVELOPMENTS IN JAPAN'S AGRICULTURE

西南学院大学経済学部教授　本間正義

1940年体制からの脱却

日本農業が変わろうとしている。環太平洋パートナーシップ（TPP）交渉の行方にかかわらず、日本農業は新たな生き残り戦略を練り、21世紀型ビジネスモデルを構築しなければならない。それは、長らく続いた戦後農政からの転換というよりは、戦後農政の基礎が戦時体制にあったという意味では、戦時体制を作った「1940年体制」からの脱却でもある。

実際、長らく続いた、自民党・農林水産省（農水省）・農業協同組合（農協）という「鉄のトライアングル」体制が崩れつつある。昨今のコメの減反政策の見直しや農協改革は、これまでの農政とは異なる展開を見せた。また、農政には依存しない果樹・野菜といった分野で新たな農業ビジネスが育っている。そこで本章では、二つの視点で日本農業を論じてもらう。

一つ目の論点は、新たな農業の展開である。今、日本の各地でこれまでには見られなかった農業ビジネスが誕生しており、日本農業の可能性を広げつつある。しかし、そこには問題点も垣間見える。農業政策はその問題の解決に資することができるのか。

一方、伝統的農業はデッドロック状態にあり、衰退の一途をたどっている。その原因はなにか。論点の二つ目は、これまで農政を支えてきた体制の見直しとそこからの脱却である。旧体制にこだわるのは自民党でも農水省でもなく、農協である。それはなぜか。

脆弱なフードチェーンを強化

第一の論点を展開する大泉論文では、まず、先端的農業経営者がどのような取り組みをしているかを紹介している。そこに共通する特徴は、消費者ニーズを取り込んだ商品開発を重視するマーケットイン戦略と、生産から消費までの流れをトータルとして把握するフードチェーンの構築にある。しかし、彼らのフードチェーンはまだ力不足であり、付加価値増大のための取り組みも「1人バリューチェーン」の域を出ず、周辺への波及力は弱い。

大泉論文は、こうしたフードチェーンの構築を妨げているのが、プロダクトアウトを基本にしている流通制度だと指摘する。コメの主要食糧の需給及び価格の安定に関する法律（食糧法）しかり、野菜・食肉・花卉の卸売市場法しかり、また生乳の指定団体制度しかり、日本の農産物はこれらの制度により生産者サイドと消費者サイドが分断されてしまっている。消費者から分断されることにより、生産者は自らがあたかも他から独立して存在していると錯覚してしまう。それが他産業との連携や農外者の参入を拒否する文化を作り、フードチェーンの構築を困難にしているという。日本農業の新たな展開を本格化するためには、こうした分断を支配している制度の根本的改革が必要なのである。

「鉄のトライアングル」の解体が必要

第二の論点を展開する山下論文では、大泉論文が指摘する旧制度の背景に農協があることを論じる。日本の農協は、戦時中の農産物統制業務を請け負った全国組織が戦後農協として引き継がれたものである。したがって、日本の農協は自主組織ではなく官制組織である。いわば農政の末端実施部隊としての位置づけが当初からあり、それと引き換えにさまざまな特別待遇が与えられた。

山下論文は、それらの特権を維持することに固執する農協が日本農業の衰退を招いたと分析する。特に、農協の手数料収入維持のため高米価政策が採られ、コメの減反政策が45年以上も続けられている。それを可能にするためコメの関税は輸入禁止的に高く設定され、世界貿易機関（WTO）でもTPP協定でも関税削減に反対してきた。

安倍政権が取り組んだ農協改革は一定の成果を上げたが、まだ道半ばである。コメ政策に関しては、新たな減反方式として、コメの飼料米への転換が推進されている。この巨大な補助金を伴う政策をやめ、コメの価格決定は市場に任せ、農家保護は直接支払いに切り替えれば、内外価格差が狭まっている現在、輸出の可能性さえ広がると山下論文は説く。

旧体制からの脱却には、政治改革も必要であり、「鉄のトライアングル」の解体が望ましい。政府・農水省ではかつて経済産業省の官僚だった議員が大臣となり、また自民党でも農林部会長には必ずしも農林族の議員が収まっているわけではない。農協改革の原動力となった規制改革会議の担当大臣は農業改革に熱心であったし、それが官邸主導の農協改革にもつながった。農林族が強固な団結で改革案をはねのけてきた時代は終わったと見ていい。

先進的な農家をサポートせよ

こうした政治に変化が見られるのは、とりもなおさず農業の現場が変容しているからである。農協は旧態依然であっても、農業者は前に進んでいる。コメ農家では100ヘクタールや200ヘクタール規模の経営者が全国に現れ、ICTや新技術を駆使する野菜・果樹農家も少なくない。酪農においても、指定団体を通さず生乳を流通させる農家や流通組織も出てきた。

農業政策の課題は、こうした新たな展開をいかにサポートし、多くの農業者をその輪の中に取り込んでいくかである。なにより、彼らの活動の邪魔をしないことが第一であるが、フードチェーンを分断している制度の抜本的改革が必要である。さらには、減反政策の撤廃、自由な農地取得を妨げている農地制度の見直し、そして農協改革のさらなる推進のため、農協経営の効率化と農協間の競争を促す政策が望まれる。

〈参考文献〉

大泉一貫『希望の日本農業論』NHK出版、2014年

大泉一貫「新たな農業の展開」本書第1章論点1、2018年

本間正義『農業問題：TPP後、農政はこう変わる』筑摩書房、2014年

山下一仁『日本農業は世界に勝てる』日本経済新聞出版社、2015年
山下一仁「農政アンシャン・レジームからの脱却」本書第1章論点2、2018年
21世紀政策研究所『新しい農業ビジネスを求めて』21世紀政策研究所新書 51、2015年

論点1

新たな農業の展開

A NEW DIRECTION FOR AGRICULTURE IN JAPAN

21世紀政策研究所研究主幹／宮城大学名誉教授　大泉一貫

先端的経営の導入が不可欠

日本農業の産出額を高めるには、結局のところ産出額の大きい一部の農業経営を増加させるしかないと私は考えている。わけても販売額にして5000万円以上の売り上げを上げる「先端的経営」への期待は大きい。彼らは農家数の1・2%にすぎないものの、わが国の農業の4割以上を産出している。

彼らのビジネスは、「6次産業化」「農商工連携」「インテグレーション」「契約栽培（計画生産）」

など、さまざまに呼ばれているが、ベースとなっているのはマーケットニーズに基づいた農業生産、川下から川上までのフードチェーンの中にある農業である。

フードチェーンとは、農産物の生産から加工・流通・消費までの食料供給に携わる諸機能を一連のチェーンとして考えるシステムである。それぞれの機能が個々別々に存在するのではなく、最終消費（あるいは販売）に至るまでの一連の流れのなかで相互に関係を考えて連携させながら機能させることを目的としている。

フードチェーンをつくると、相互の連携が密になり、川上と川下の双方向の情報流が可能となるので、農業生産の場では、マーケットから要請される作物の品質、形状、価格、流通ルート等が自らつくる前に明確になりそれに対応した計画生産を行える。そうした生産は必然的に顧客ニーズに基づいた生産、すなわちマーケットイン型の生産になる。

以下、いくつか事例を挙げこれらのビジネスの波及性・普及性について論じよう。

フードチェーン構築による高付加価値化

第一に、農産物を加工して付加価値をつけようとするプロセスでのフードチェーンが「6次産業化」「農商工連携」「インテグレーション」と言われるものである。「農政」が積極的にフードバリューチェーンの構築をうたっているのが「6次産業化」である。単なる農産物生産にとどまるのではなく、農産加工やサービス産業化など付加価値の高い事業展開によって農業者の収益力を高めようとするものである。他方、「農商工連携」や「インテグレーション」と呼ばれる仕組みでは、企業がイニシアチブをとることで、より合理的なフードチェーンを作り上げている。加工・販売企業のニーズに基づいた生産が行われ、付加価値の高い農産加工品が製造されている。こうした取り組みを行っている代表的な企業としては、カルビー、日本ハム、イセファーム、フリーデンなどが挙げられる。「6次産業化」と「インテグレーション」は、統合主体が農業者と企業という違いはあるものの、いずれも「垂直的分業」によるフードチェーンとなっているのに対し、「農商工連携」は農業者と企業との連携による「水平分業」のフードチェーンとなっている。

第二に、加工農産物ではなく、コメや生鮮野菜などを最終商品とする稲作や野菜の生産でも「契約」や「営業・受注」による「計画生産」が増加している。稲作の場合には、外食産業などのニーズをコメ卸などが聞き入れ、生産者につないでコーディネートをするタイプが多い。内田農場（熊本）50ヘクタール、田中農場（鳥取）100ヘクタール、横田農場（茨城）100ヘクタール、染谷農場（千葉）108ヘクタール、穂海農耕（新潟）130ヘクタール、フクハラファーム（滋賀）160ヘクタールなど大規模な経営がこうした手法を取り入れている。

また野菜の場合には、農家自らが直接、小売業や外食産業に営業活動することによって受注し、「計画生産」に持ち込むパターンが多い。例としては、和郷園（千葉）、トップリバー（長野）、ミスズライフ（長野）、野菜くらぶ（群馬）などがある。

図表1-1　大規模経営をする農場

出所：筆者作成。

さらに外食産業や流通業者が自ら農業参入し生鮮農産物を生産する場合には、社内のニーズや必要量に基づいた「計画生産」が行われる。バロー（岐阜）、セブンファーム（千葉他）、ワタミファーム（北海道他）、イオンアグリ創造（埼玉）などがある。

いずれも生産を始める前に出荷量、納期、価格等を決め、それを実現するための「計画生産」がなされる。マーケットインの「計画生産」では、意図するとしないとにもかかわらず関係者の間でフードチェーンがつくられている。企業の農業参入の場合には、「垂直的分業」によるフードチェーンが、またそのほかの場合には、「水平分業」によるフードチェーンがつくられている。

ところで、企業の農業参入や「6次産業化」で失敗するケースでは、販路開拓が思うようにいかないことが指摘されている。いずれもプロダクトアウトとなっているからである。プロダクトアウトとは、農業生産者の考え方や都合を優先させて作物や生産量を決める仕組みで、極端に言えば、生産してあとは終わりといったシステムである。農業では販路の構築、マーケットイン、フードチェーンの構築がKFS（主要成功要因：Key For Success）のトップにある。

先端的経営による農業成長効果

ここまで挙げてきた新しい農業すべてに共通するのは、マーケットイン、フードチェーンのビジネスということだ。ただ、マーケットインの構築は言われるほどには簡単でない。もともと農業生産は、自然条件や病害虫などに影響される不確定性の高い産業である。マーケットの要望に基づいて「生産計画」を作っても、計画どおりにいかないことも多い。そこにはさまざまな修正や工夫が必要となる。「先端的経営」はこうした工夫に前向きに取り組み、産出額を増加させている。規模を拡大し生産性を上げ、付加価値の高い生産を実現し、農村での雇用や農業経営者を増やしている。

第一に、生産性の向上では、例えば水田農業では、出荷日から逆算し作付圃場や田植え日を決定し作期を広げるなど、契約からすべての生産工程を組み換えることによって、機械の減価償却費の削減や合理的な労働配分を実現し大幅なコストダウンにつなげている。その結果、先に挙げたように100ヘクタールを展望するような経営が可能となっている。価格や生産量が生産以前に決まれば、「あとはそれに合わせて収益を上げる工夫ができる」からである。

生産性向上の取り組みは水田農業に限らない。「先端的経営」では、一様にデータを把握・駆使し、クリティカルな飼料生産や水田機械利用などの重点的管理を行うなどして競争優位、技術優位を確保している。

第二に、「農商工連携」や「インテグレーション」「6次産業化」などでは、生産性の向上だけでなく、農産加工品やサービス（体験農園や観光農園など）にまで商品を広げることによって高付加価値農業を実現している。

第三に、雇用の拡大も「先端的経営」の特徴の一つである。稲作の先端的経営では、農業面積が50ヘクタールにもなればパートや臨時雇を抱えるようになる。稲作に限らず、通常1億円クラスの販売額の経営ではパートに頼ることが多く、2億〜3億円クラスになってはじめて正規雇用が見られるようだ。賃金は必ずしも高いとは言えないが、従業員1人当たり少なくてもおよそ1000万円強の産出額を上げている。1人1000万円の産出額と言えば、わが国の農業経営者の条件を十分にクリアする金額である。

わが国の農政は、老人の農業就業などを確保するため、米価維持などの稲作偏重の政策をとってきた。その結果はどうかと言えば、全稲作農家の69％（66万戸／95万戸、2015年）が赤字で、さりとて黒字化の展望もなく、生産性の低下をもたらし農業を魅力のない産業とさせてきた。後継者の就農や新規参入もなく、農業者の平均年齢は年々高くなり、現在は66歳にまで高齢化している。

だが、農村で就業の場をつくるには米価維持政策を続けるのではなく、先端的経営を質的・量的に増加させ、生産性の高い農業を実現するという政策選択があることをこの事例は示している。

第四に、農業経営者の増加にも「先端的経営」の貢献が見られる。農業経営者が増加するルートは、従業員の独立と農家が経営者に成長するルートの二つがある。

従業員の独立は、農場で力量を備えて「のれんわけ」する手法や、最初から独立させることを目的とした教育機能を備えて独立させるやり方がある。近年、後者の教育システムを備えた「先端的経営者」が増加している。他方、農家から農業経営者への成長は難しいとも言われているが、フードチェーンを構成する生産・販売システムに農家を組み込むことでより生産性の高い水準へと引き上げ、農業経営者にしている事例も増えている。野菜では営農販売組織、畜産では預託制度、さらには農商工連携などでの実績が見られる。農場のM&Aも、より生産性の高い農業経営の実現に寄与している。

農業セクターを孤立化させない政策を

「先端的経営」が作り上げているフードチェーンは、しかしながらまだまだ力不足である。その実力は、取りあえず「契約」によって「計画生産」を志向しているといった程度でしかない。市場開拓や商品開発に積極的というほどではないし、ましてや「輸出」を考えるほどのものでもない。

生産性を向上すると言っても、経営者の個人的努力によるところが大きく、業界全体でのレベルアップには至っていない。6次産業化での付加価値生産と言っても農家が1人で行う「1人フードバリューチェーン」の域を出ず、周辺への波及力は弱い。何よりも先端的経営者の数は全農業者の1%にも満たないなど、農業界（行政、農協、政治のトライアングル構造の世界）では、少数派と言うよりも異端児と言った方がいいような位置にある。

農政をはじめ、わが国の農業界の本流がプロダクトアウトのシステムにあることが異端の域を出ない理由となっている。もっともどの国も多かれ少なかれプロダクトアウトの農業ではあるが、わが国ではそれが制度によって固定化している。

例を挙げれば、コメには「食糧法（主要食糧の需給及び価格の安定に関する法律）」、野菜、食肉、花卉には「卸売市場法」がある。生乳等は「加工原料乳生産者補給金等暫定措置法」がある。これらの制度はいずれも生産者サイドと消費者サイドを分断する。コメの場合には、全農と卸の間の「相対取引」での価格交渉が、卸売市場制度では、卸売市場内部での「セリ」が、はたまた酪農・生乳では、生乳生産者指定団体と乳業メーカーとの間で行われる「乳価交渉」が、それぞれ分断の機能を果たしている。

しかし、この構造を変えるのはなかなかに困難である。「先端的経営者」が少数で力不足というだけではない。わが国の農家保護政策が、価格維持政策を基本としているからである。特にコメと生乳に関わる法律は生産調整を制度化するために設けられており、実効性を得るためには生産を管理できる状態にしておくことが必要とされ、結果として生産を生産の世界に閉じ込めることになる。こうした状況に長く置かれた農業セクターは、自らがあたかも社会環境の変化から独立して存在しうるかのような錯覚に陥り、他産業との連携や参入を拒否する文化を作り上げ、フードチェーンの構築を困難にさせている。

実際に農業ビジネスを考えるとすれば、農業が孤立するのではなく、販売や加工など他の事業と連携して展開をすること（フードチェーンの構築）が、世界でもわが国でも重要とされるようになっている。わが国でも農業セクターが産業の中で一人孤立するのではなく、フードチェーンの一環として、資材生産・供給セクターや農産物加工、販売セクターと有機的な関連をもって存在し、国の経済成長を担うセクターの一つにしたいものと私は考えている。先端的経営ではすでに実行に移しているのに、わが国の主要な農業セクターはそれに対し後ろ向きだ。

それらを改革するためには、まずもって農家保護政策を、米価維持政策などの価格政策から直接支払制度に変え、その上で流通を分断する法律を、フードチェーンを促進する制度に変えていくべきだろう。さらに、農業と他産業がもっと深くネットワークを構築できるような環境整備も必要となる。価格支持制度の見直し、流通構造の整備、企業参入の拡大、そのための政策環境の改善が必須となろう。

論点２

農政アンシャン・レジームからの脱却

JAPAN'S AGRICULTURAL POLICY: ESCAPING THE "ANCIEN RÉGIME"

キヤノングローバル戦略研究所研究主幹　山下一仁

農業を衰退させた高米価・減反政策

農業が衰退している。特に、コメが著しい。農家の７割がコメ農家なのに、コメ農家は農業生産の２割しか生産していない。これは、コメ農業が零細で非効率な農家によって行われていることを示している。

戦後農政の特徴は、米価によって農家所得の確保を図ろうとしたことである。政府が農家からコメを買い入れた食糧管理制度（食管制度）のもとで、１９６０年代以降、ＪＡ農協（農業協同組合）

は米価闘争という大政治運動を展開した。自民党の支持基盤である農村を組織する農協に突き動かされて、政府・与党は米価を引き上げた。

食管制度が1995年に廃止されたあとは、減反政策によって高い米価が維持されている。減反政策とは、生産者に補助金を与えて、コメの生産を減少させ、米価を高くするという政策である。この補助金を給付するため、納税者は4000億円も負担している。また、米価が高くなるので、消費者は6000億円もの過度な負担をしている。つまり、2兆円規模のコメ産業に対し、国民の負担は1兆円にのぼる。国民は税金を払ったうえで高いコメを買わされるという異常な政策である。

高米価はコメ農業に悪影響を与えた。本来なら産業から退出するはずであった高コストの零細兼業農家が、高米価によってコメ生産を継続した。こうした兼業農家が土地を手放さないため、農業だけで生きていこうとする主業農家が農地を集めて規模を拡大し、コストを下げて収益を向上させることは困難となった。

これまで農協は、高米価・減反政策を強力に推進してきた。だが本来、農協は、農業資材を安く購入するために農家が作った組織のはずである。しかし、独占禁止法の適用を受けないという特権を利用して、アメリカの倍の値段もする肥料、農薬、農業機械、飼料などの資材を農家に押し付けてきた。当然、農産物価格も高くなる。

国内の農業資材や農産物の価格を高くすれば、これらを販売する農協は、それに比例して多くの販売手数料収入を得ることができる。国際価格よりも高い農産物価格を維持するためには、高い関

図表1-2　農家所得内訳の推移（1955-2003年）

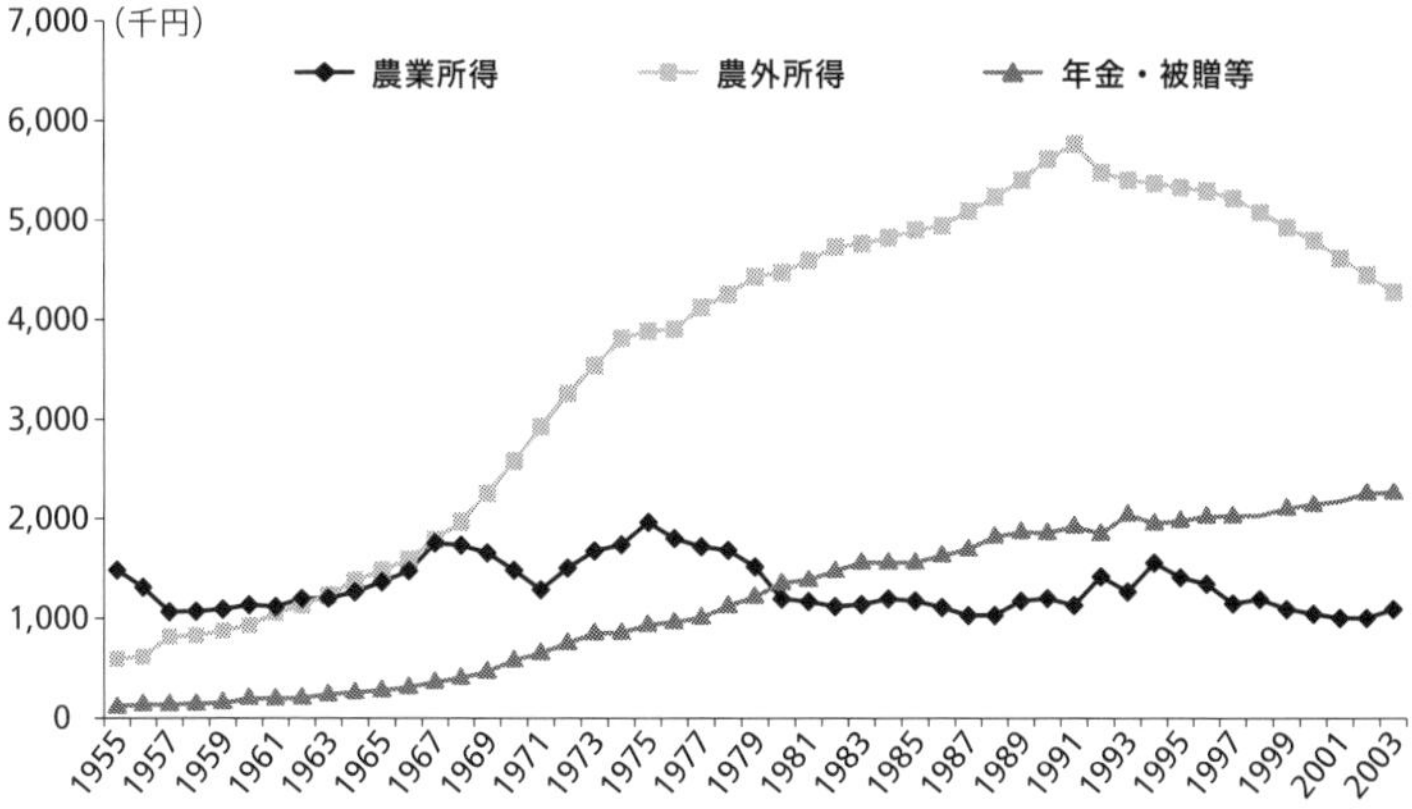

注：国民経済計算のGDPデフレータを用いて2005年基準の実質値とした。
出所：農林水産省『農業経営動向統計』より作成。

税が必要となる。

農協の政治的・経済的利益にリンクした高米価維持

戦後の食糧難のもとでコメを農家から政府へ集荷するため、金融から農産物集荷まで農業・農村のすべての事業を行っていた戦前の統制団体を、衣替えして作ったのがＪＡ農協である。このため、日本のいかなる法人にも許されない銀行業の兼務が認められ、また、農家の職能団体であるはずなのに、地域の住民ならだれでも組合員になって農協の事業を利用できるという〝准組合員〟制度が認められた。しかも、その後、生命保険事業や損害保険事業も追加された。農協は例のない万能の法人組織となった。

図表1-2からもわかるように、農業所得は1955年からほとんど横ばいである。1960年代の後半には、多数のコメ兼業農家が滞留したため、農外(兼業)所得が農業所得を上回るようになった。さらに、後継者がいない農家の高齢化が進み、高齢化による年金収入が増加した。

農外所得や年金収入、さらには年間数兆円に及ぶ農地の転用利益は、銀行業を兼務できる農協に預金され、農協は預金残高約100兆円超のわが国第2位のメガバンクに発展した。

衰退している農業自体への融資は、農協預金の1~2%程度にしかならない。そこで農協は、非農家の地域住民を准組合員に勧誘し、預金の3割を准組合員に対する住宅・車・教育ローンや元農家へのアパート建設資金などに貸し出した。残りの7割は、農林中央金庫がウォール街で資産運用している。積極的な勧誘の結果、准組合員は年々増加し、農協は正組合員より非農家の准組合員の方が100万人も多い、(括弧付きの)〝農業〟の協同組合となった。米価をつり上げることによって、農協が持つすべての歯車がうまく回転したのである。つまり、農業を発展させるために作られた組織が、それを衰退させることで発展したと言える。

このような農協にとって、環太平洋パートナーシップ(TPP)協定によって関税が撤廃され、米価が低下して非効率な兼業農家が退出し、主業農家主体の農業が実現することは、組織基盤を揺るがす一大事だ。だから、1100万人以上の署名を集めることとなったTPP反対運動を展開したのである。

どの国にも農業のために政治活動を行う団体はあるが、その団体が経済活動も行っているケースは、日本の農協をおいて、ほかにない。しかも、農協の政治的・経済的利益が、高い価格維持とリンクしている。このように価格に固執する圧力団体は、EUにもアメリカにも存在しない。

アベノミクスの農協改革で終わらせてはいけない

2015年、とうとう、70年間ほとんど手をつけられなかった戦後最大の圧力団体、農協の改革が実現した。

まず、2014年5月、政府規制改革会議は以下のとおり農協改革案をまとめた。

第一に、農協の政治活動の中心だった全国農業協同組合中央会（全中）や都道府県の中央会に関する規定を農業協同組合法（農協法）から削除する。全中や都道府県の中央会は多額の賦課金を徴収してきた。農協法の後ろ盾がなくなれば、全中などは義務的に賦課金を徴収して政治活動を行うことも、強制監査によって傘下の農協を支配することもできなくなる。

第二に、農産物の販売などを行う全国農業協同組合連合会（全農）やホクレンなどの株式会社化である。全農を中心とした農協は、肥料で8割、農薬・農業機械で6割のシェアを持つ巨大な企業体であるのに、協同組合という理由で、独占禁止法が適用されてこなかった。さらに、安い法人税、固定資産税の免除など、さまざまな優遇措置が認められてきた。

これは、同年翌6月、農協の意向を受けた自民党によって、いったんは完全に骨抜きにされた。

しかし、安倍総理の意向に沿って、再度農協との間で協議が行われた結果、全中に関する規定を農協法から削除し、①全中を経団連と同様の一般社団法人とする、②地域農協は全中から独立した監査法人と一般の監査法人の監査を選択できるようにする、③都道府県の中央会は引き続き農協法で規定する、という内容で決着した。

これにより、全中による地域農協支配は弱まることが期待される。しかし、都道府県の中央会は、そのままであり、依然として強制的に賦課金を徴収できる。都道府県の中央会は全中の会員なので、都道府県の中央会が集めた賦課金は従来どおり、全中に流れていく。全中の政治力は、依然排除されていない。

全農等の株式会社化は、全農等自身の判断に任されることとなった。協同組合であり続けるメリットの方が大きいので、全農等が株式会社化を選ぶとは思えない。

本来なら、今の農協は金融と生活物資の供給を行う地域協同組合として残し、農業部門は、解散するか、新たに作られる農協に移管すべきだ。必要があれば、主業農家は農協を自主的に設立するだろう。それが本来の協同組合である。これで、農協改革を終わらせてはならない。

減反見直しではなく、減反廃止を

自民党は政権復帰後、減反政策を見直し、民主党が2010年に導入した戸別所得補償制度を廃

図表1-3　主食用米とエサ米の収益比較

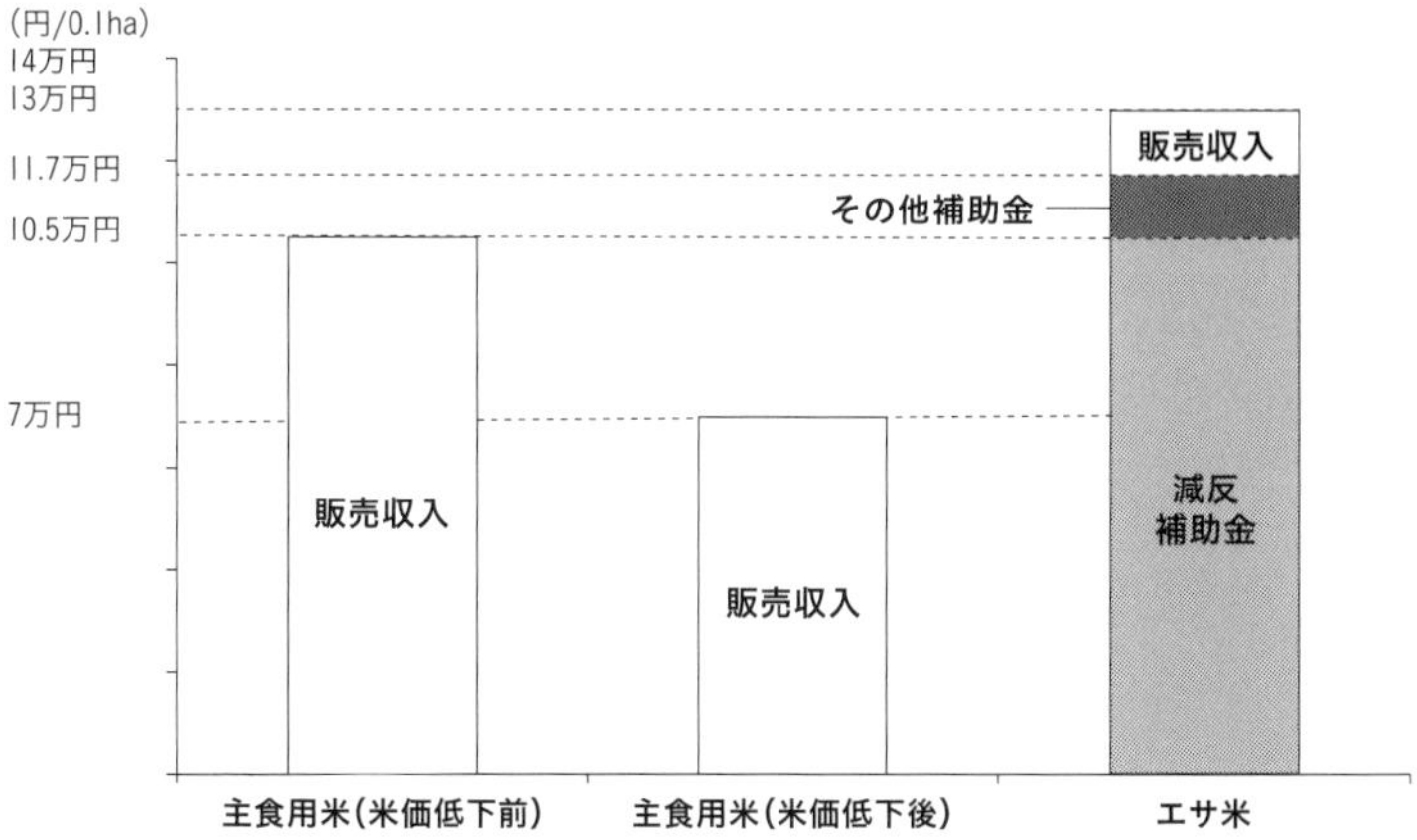

出所：農林水産省資料より筆者作成。

止した。これで浮いた財源を活用して、前回の自民党政権末期の09年産に導入した米粉・エサ米の補助金（米粉・エサ米法：米穀の新用途への利用の促進に関する法律）を、13年産の主食用米の単位面積当たりの農家販売収入とほぼ同額まで増やした。それ以外にも産地交付金と称して10アール当たり1・2万円の補助金、合計11・7万円が支給される。もちろん、農家には米粉・エサ米の販売収入もある（図表1-3）。

農家は米粉・エサ米の生産をすれば、2013年産米価以上の収入を補助金だけで得ることができる。14年主食用米の農家販売収入は7万円に低下した。そうなれば、農家は米粉・エサ米の生産を行った方が明らかに有利となる。

このため、エサ米の生産は2014年産の

18万トンから17年産では48万トンへ拡大している。農家がエサ米など非主食用米の生産を拡大すれば、その分、主食用のコメは不足し、米価は上がり、所得の低い消費者の家計を圧迫する。さらに、減反補助金総額は膨張し、納税者負担も拡大されることになる。

大量のエサ米や米粉の生産は、アメリカからのトウモロコシや小麦の輸入を大きく減少させる。価格の5％の補助が行われるだけで、それを他国が世界貿易機関（ＷＴＯ）に訴えて、制裁措置をとることができる。米粉やエサ米の減反補助金は、主食用米価の100％以上に相当する補助金である。アメリカがＷＴＯに減反補助金を提訴すれば、アメリカは必ず勝つ。しかも、アメリカは日本から輸入される自動車に報復関税をかけることができる。ＷＴＯは、異分野（例えば農業補助金で影響を受けた場合、農業以外の工業製品の分野）でも報復できるクロス・リタリエイションを加盟国に認めているからだ。コメの7倍の産業規模を持つ自動車業界が大きな打撃を受ければ、減反を廃止せざるを得ない。

さらに、2014年国内米価の低下と輸入米の価格上昇で、内外価格差は解消、逆転した（図表1-4）。このような状況では、輸出すれば国内価格よりも高い価格で販売できるので、わざわざ減反をして、国際価格よりも低い国内価格を維持する必要はない。減反を廃止すれば、8000円程度まで国内の米価は下がり、輸出を大々的に行えることになる。輸出が増えれば、国内市場の供給量が減少するので、米価は上昇する。輸出価格が1万2000円なら、国内の米価もその水準まで上がるので、国内の米生産は拡大する。

図表1-4　コメの価格の比較

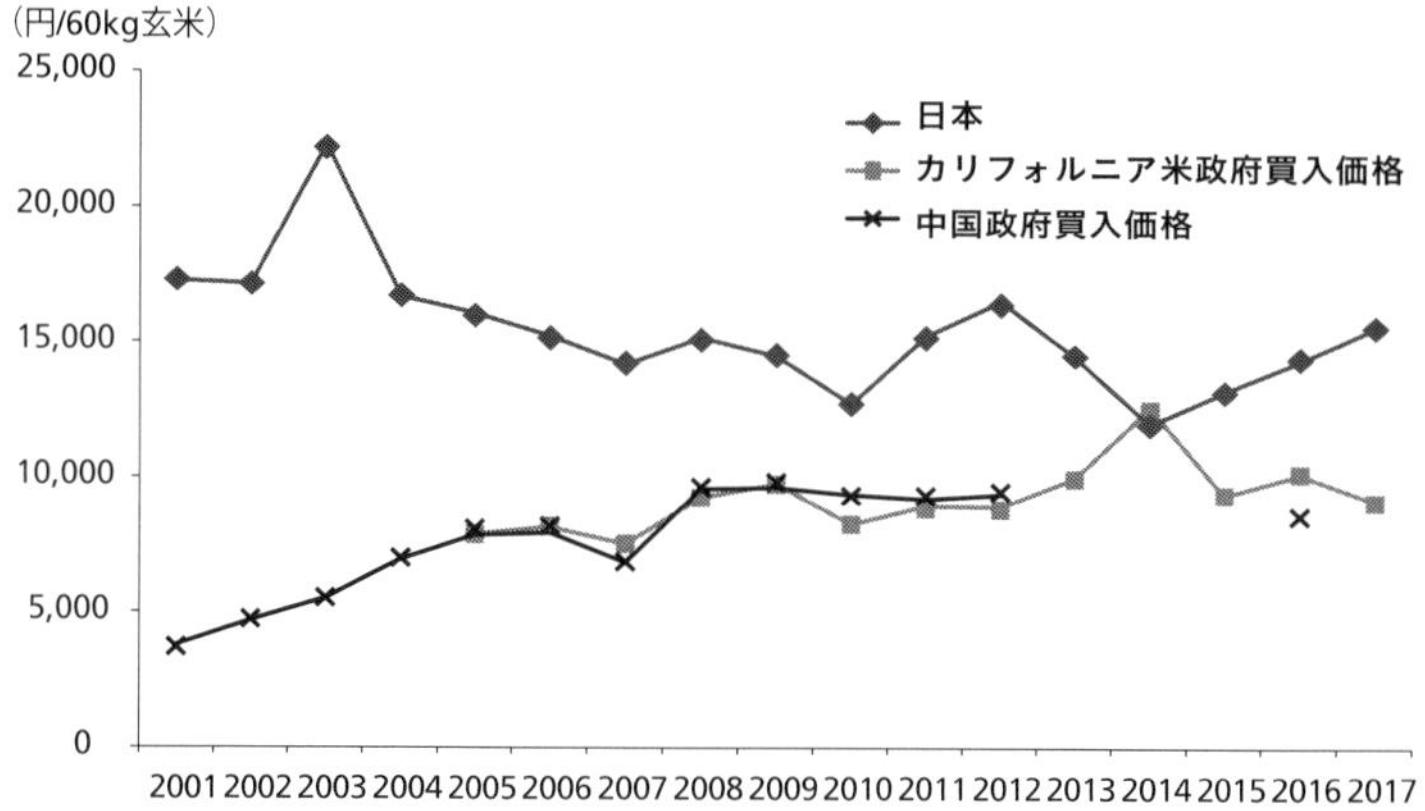

注:中国米は2013年以降輸入されていない。
出所:農林水産省資料より筆者作成。

短期的には、米価低下で影響を受ける主業農家には、財政から直接支払いを行えばよい。減反補助金の4000億円がなくなるので、財源は十分にある。米価が上昇していけば、この直接支払いは不要となる。さらに、米価低下により高いコストを賄えなくなった零細な兼業農家は、農業をやめて、農地を主業農家に貸し出すようになる。直接支払いで地代負担能力の高まった主業農家に農地が集積し、規模が拡大すればコストは低下する。現在は減反によって、収量増加につながる品種改良は禁じられ、日本米の平均単収はカリフォルニア米よりも6割も少なくなっている。コストは面積当たりのコストを単収で割ったものだから、減反廃止で単収が増えるとコストも低下する。規模拡大と収量増加で、日本米の価格競争力は、さらに一層向上する。

高い関税で守ったとしても、国内市場は人口減少で縮小してしまう。国内市場だけでは、農業は安楽死するしかない。品質の高い日本のコメが、減反廃止によりさらに価格競争力を持つようになれば、関税が不要になるばかりか、輸出によって世界の市場を開拓できる。これこそ日本農業再生の道である。

第2章

FISHING POLICY

漁業政策

総　括

日本の水産業と地方創生

FISHING POLICY: TOWARD INTRODUCTION OF SCIENCE-BASED MEASUREMENT/ MANAGEMENT OF RESOURCES

論　点　1

個別漁獲割当(IQ)制度導入の経済分析

INTRODUCTION OF AN INDIVIDUAL QUOTA (IQ) SYSTEM TO JAPAN'S FISHING INDUSTRY: AN ECONOMIC ANALYSIS

論　点　2

法的にみた日本の水産業の活性化の諸課題 ――利尻島・礼文島の事例から考える

REVITALIZATION OF JAPAN'S FISHING INDUSTRY: A LEGAL PERSPECTIVE —THE CASES OF RISHIRI AND REBUN ISLANDS

総　括

日本の水産業と地方創生

FISHING POLICY: TOWARD INTRODUCTION OF SCIENCE-BASED MEASUREMENT/MANAGEMENT OF RESOURCES

東京財団政策研究所上席研究員　小松正之

水産資源が枯渇する日本

戦後70年間、漁業法と水産業協同組合法制度が手つかずであることが原因で、獲った者勝ちのオリンピック方式[*1]で漁獲が行われ、漁業資源と漁業の衰退を招いていることは、地方経済の衰退の大きな要因である。一方、ノルウェー、アイスランドとアメリカなど諸外国は漁業の法制度を新しくして、漁業を活性化して、地方にも国家全体の経済にも貢献する産業に作り上げた。このような例を参考にして、資源の回復と外部からの投資と雇用をもたらすことが地方創生に必須である。

日本でも中長期的な漁業改革の事例が、少数ながら見られる。本章論点1の濱田論文では新潟県の甘エビの個別漁獲割当（IQ）[*2]制度の事例を、本章論点2の児矢野論文では町が前向きに取り組む北海道利尻島・礼文島の事例を紹介する。

OECD加盟国中最大の衰退国

日本の漁業は経済協力開発機構（OECD）諸国のうちでも最も凋落が著しい（図表2-1）。

外国の200カイリ排他的経済水域で操業した遠洋漁業は段階的に締め出され、現

＊1　オリンピック方式とは、資源管理をするため、漁業者や漁船ごとの漁獲割当を行わずに、漁獲期間あるいは総漁獲量を設定する制度をいう。この方式は、漁獲は早い者勝ちの競争となることから「オリンピック方式」と呼ばれる。漁業者は、経済価値の低い稚魚まで漁獲するので資源の悪化の要因となる。なお、オリンピック方式を採用するにしても総漁獲量は科学的根拠であるABC（生物学的許容漁獲量：Allowable Biological Catch）に基づき社会経済学的要因に配慮して、行政庁が設定しなければならない。しかし日本の場合、ABCが厳格に設定されない、またはABCを大幅に超えた水準に総漁獲量が設定される魚種がある。

＊2　IQ（個別割当：Individual Quota）方式は、設定された総漁獲量の範囲内で、それぞれの漁業者（漁船ごと）に漁獲量を割り当てる制度をいう。この方式では、各人の漁獲量を割当枠内に収めねばならないので、漁業者は市場の動向をにらんで低価格の稚魚を避け選択的に大型魚を漁獲する。それが収入増と資源の保護につながるなどのメリットがある。

図表2-1　2016年の漁獲量が50万トン以上のOECD加盟国における漁獲量の過去最大値から2016年への変化量

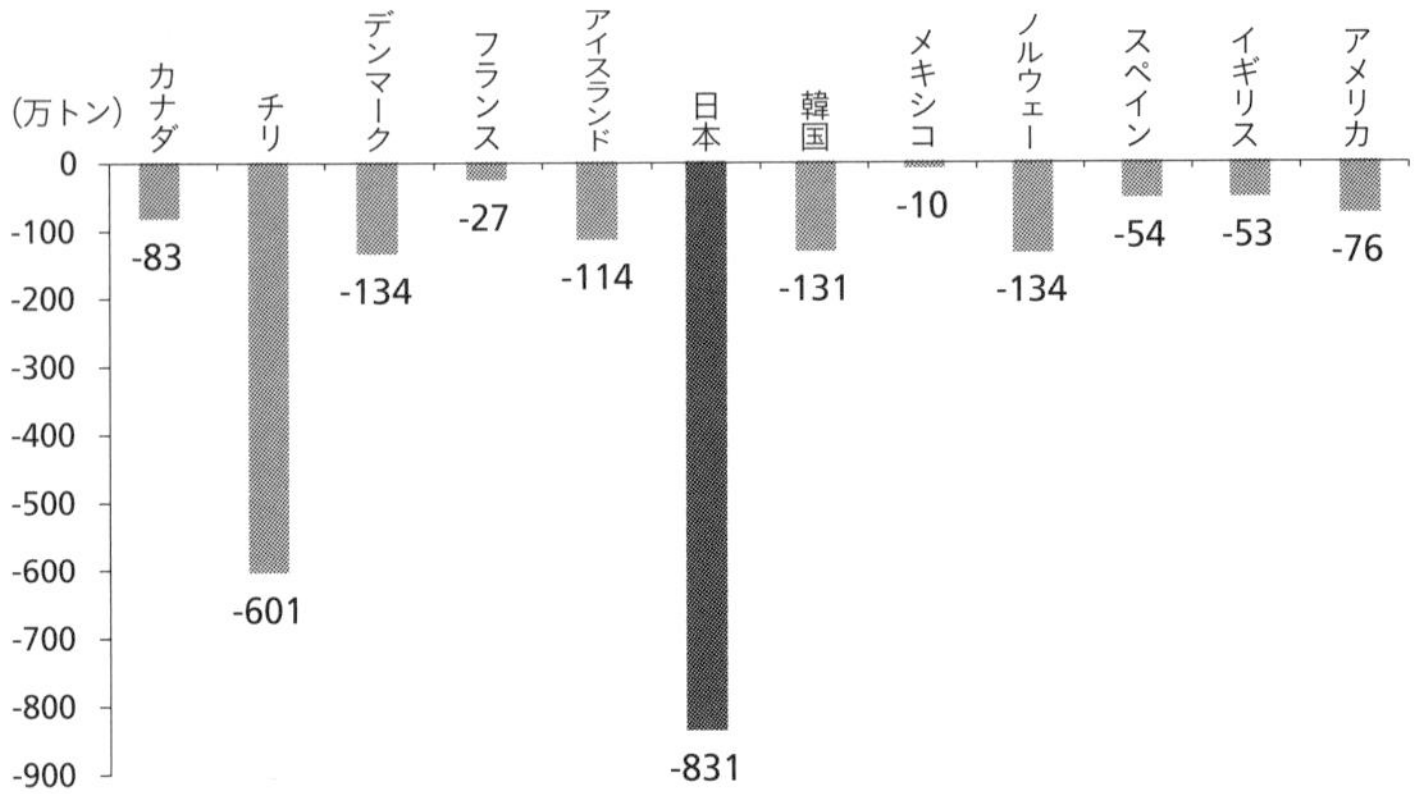

出所：FAO Fishery Statistical Collections, Global Capture Production 1950-2016より筆者作成。

在では、太平洋島嶼国で操業する海外巻き網漁業と、遠洋マグロはえ縄漁業など少数しか残っていない。

　さらに、天然魚類を漁獲する日本の排他的経済水域（EEZ：Exclusive Economic Zone）内での漁業生産量の減少が著しい。わが国の遠洋漁業を除いた200カイリ内漁業の生産高は、ピークの1984年に1150万トンあったが現在（2017年）ではわずか326万トン（図表2-2）で、沿岸漁業も1977年の210万トンから2017年の90万トンにまで減少している。

自国の200カイリ内のEEZ

図表2-2　日本の海面漁獲量の推移（1960年～2017年）

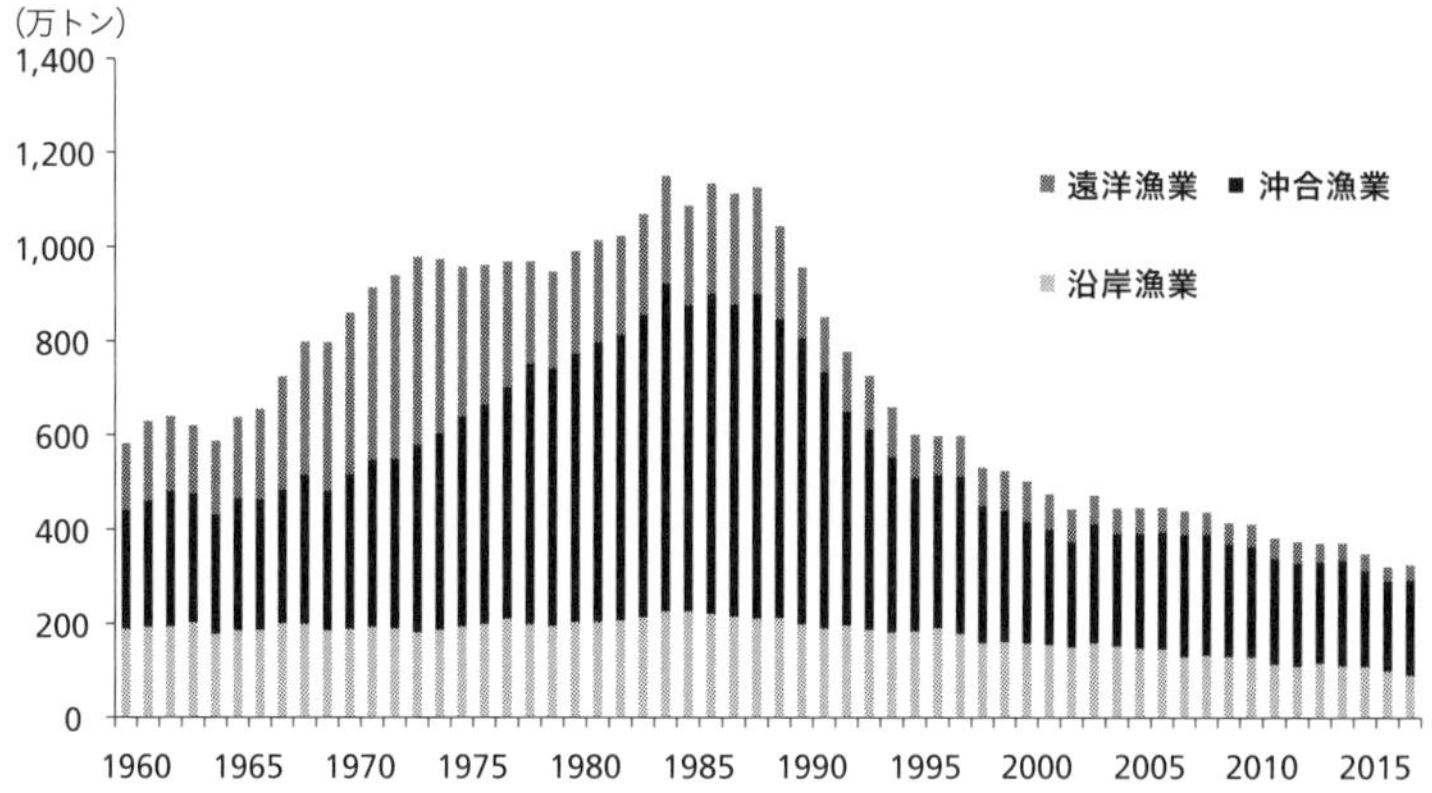

注：2017年の値は暫定値である。
出所：農林水産省『海面漁業生産統計調査』より筆者作成。

内で行われる、中規模の資本漁業である巻き網漁業や沖合底びき網漁業などの沖合漁業は、資源の乱獲によって衰退が著しい。沿岸の小型漁業と養殖漁業も減少の一途をたどり、最近では沿岸域の埋め立てや大堤防の建設により、藻場と干潟の良好な漁場と育成場を失い、かつ新規投資もないため漁業と漁場の荒廃が著しい。その原因は、オリンピック方式にある。

世界は資源・漁業の回復を達成

日本に輸入される水産物のほ

とんどは、ノルウェー、アイスランド、カナダと米国アラスカ州のものである。これらの国々は、資源の科学的な評価を実施して、資源を持続的に維持ないし回復するための目標を設定している。生物学的許容漁獲量（ABC：Allowable Biological Catch）を計算し、総漁獲可能量（TAC：Total Allowable Catch）をABC以下に設定しているのである。さらに、漁業者の歴史的な漁獲量実績などに基づき、TACを個別の漁業者に配分して、個々の漁業者が漁獲する個別漁獲割当制度（IQ：Individual Quota）を採用している。

日本国外では、個別の漁業者に総漁獲量を割り当てた譲渡可能個別割当（ITQ：Individual Transferable Quota）制度が定着しており、漁船経営はその安定性が増した。例えば、アイスランド本島南部に位置するウェストマン諸島のウェストマン・シーフード（VSV）社は、漁業者の投資の集約を果たし、個人事業から株式会社へと組織体制を転換、経営の安定を達成した。今後は、労働力の削減、マーケットへの安定供給、マネジメントの高度化のために、投資と高学歴の人材の確保に取り組んでいる。

ノルウェーでは、1990年から投入実施された個別漁船漁獲割当（IVQ：Individual Vessel Quota）制度が成果を上げたが、政府は今後20年間安定する制度設計を目指して改革を検討中だ。2016年12月の委員会での結論が出た。その後政府が検討し議会に白書を提出し、漁業法の改正を目指している。同委員会では、漁業資源も石油と同様にノルウェー居住者の共有資源であり、同国でも資源利用税の導入と、小規模漁業漁獲枠の売買自由化を検討した。小型漁船の漁獲枠の売買自由は地域住民からの反対が多いので進展は見られないが、政府は資源利用税を大型漁船から徴収したい意向である。しかし、最終的に法律に反映されるかは議会次第である（2017年9月現在）。

日本での新しい取り組み——新潟県と利尻島・礼文島の例

日本でも、新たな取り組みがいくつか始まっている。例えば、海外と同様のIQを採り入れた新潟県や、既存制度内で自治体が改革心をもって再生・創成を果たそうとする北海道の利尻島と礼文島の例がある。このほかにも、養殖業の漁業権を民間企業に開放した、宮城の水産業復興特区が挙げられる。こうした取り組みはまだ途上にあり、成果は限定的だが、わが国の漁業改革の発端であり、これらの例を基にした全国的な取り組みが期待される。新潟県の例については、IQモデル事業を2011年度に導入してからモデル漁業に参加した漁業者（甘エビをカゴで漁獲する）の漁業所得が急速に改善された（図表2-3）。

新潟県のモデル事業に関しては、濱田が本章論点1で取りまとめている。IQ制

図表2-3　新潟県IQ漁業の所得の推移

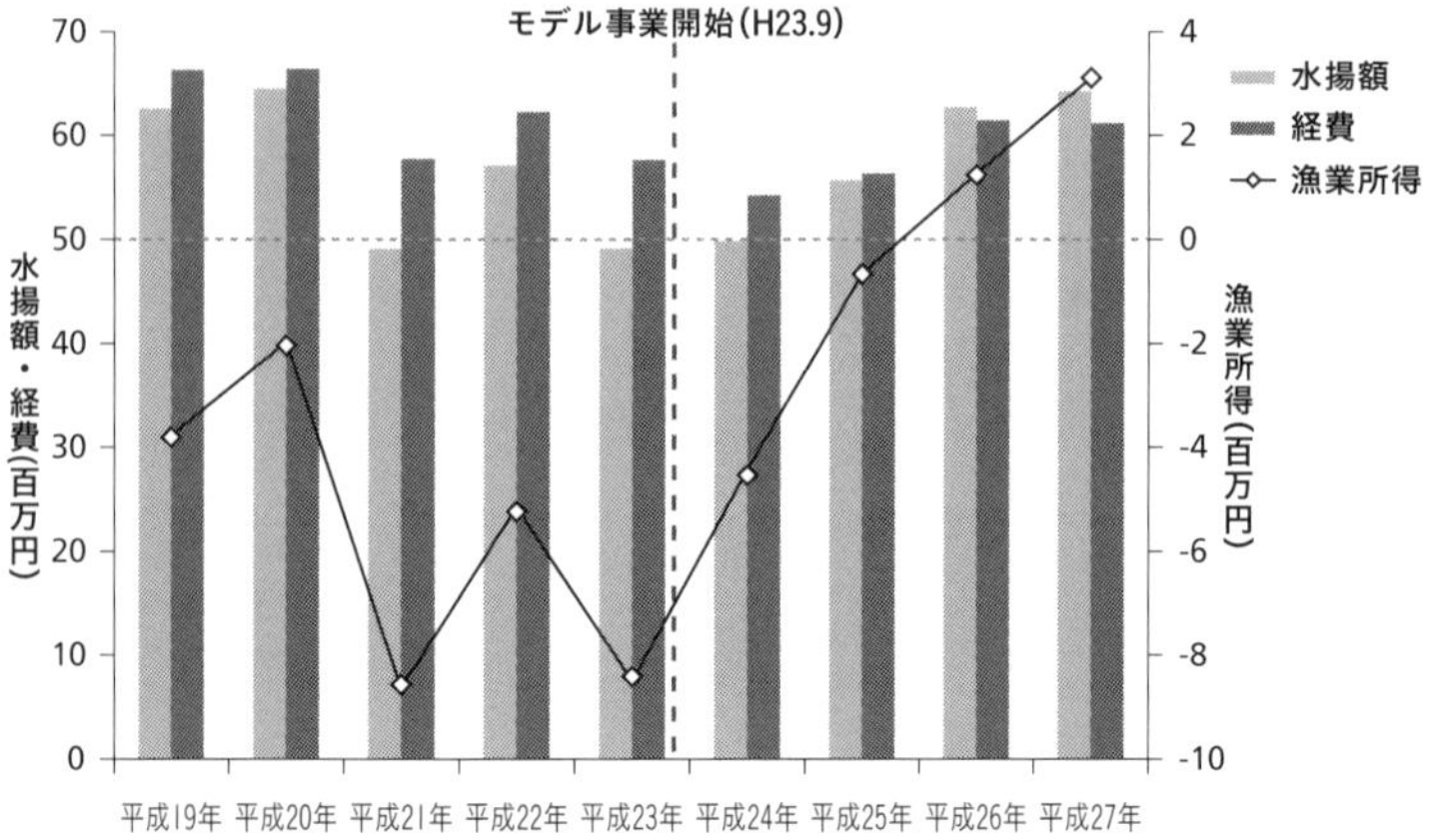

出所：第8回新潟県新資源管理制度総合評価委員会（平成28年7月26日開催）「資料5」より筆者作成。

度導入による漁獲物の価格の上昇に関する経済的効果の分析を紹介しているが、興味深いのは、IQを導入した漁業だけでなく、同じ魚種を獲る漁業にもIQの経済的波及効果があると見られることである。

また、北海道の利尻島と礼文島の現在の取り組みについては、児矢野が両島に実際に足を踏み入れて調査を行った。本章論点2では、両島沿岸で獲れるナマコやウニなどの資源を管理する法的な根拠について考察している。

いずれも日本漁業の再生のための取り組みに役立つ事例とな

ろう。

〈参考文献〉

Komatsu M., The Reform of Japan's Fisheries;Does Individual Quota Contributes to Inclusive Innovation and Innovative Management? International Conference of Inclusive Innovation and Innovative Management (ICIIIM 2015), 2015.
Komatsu M., Who Owns the Sea? *The Japan Times*, 2012.
小松正之「日本の海から魚が消える日」マガジンランド、２０１４年
小松正之「海は誰のものか」マガジンランド、２０１１年
児矢野マリ「法的にみた日本の水産業の活性化の諸課題——利尻島・礼文島の事例から考える」本書第2章論点2、２０１８年
濱田弘潤「個別漁獲割当（ＩＱ）制度導入の経済分析」本書第2章論点1、２０１８年
日本経済調査協議会「魚食をまもる水産業の戦略的な抜本改革を急げ」水産業改革髙木委員会調査報告書、２００７年
新潟県「新潟県新資源管理制度導入検討委員会報告書」平成23年9月、２０１１年

論点1

個別漁獲割当（IQ）制度導入の経済分析

INTRODUCTION OF AN INDIVIDUAL QUOTA (IQ) SYSTEM TO JAPAN'S FISHING INDUSTRY: AN ECONOMIC ANALYSIS

新潟大学経済学部准教授　濱田弘潤

乱獲による日本の漁業の衰退

日本の漁業の衰退が長らく指摘されている。水産庁のデータによると、日本の漁獲量は１９８４年をピークに減少の一途をたどっている。日本の漁業が衰退した理由の一つとして、乱獲による漁業資源の枯渇が挙げられる。ところが日本とは対照的に、アイスランドやノルウェーなどの水産資源国では、適切な資源管理政策を実施し漁業が成長産業となっている。日本の漁業においても、過剰な漁獲を防止し水産資源を維持するために、適切な資源管理を行う必要がある。諸外国で実施されている適正な漁業資源の管理方法として、個別漁獲割当（ＩＱ）制度がある。ＩＱとはIndividual Quotaの略で、漁業者一人一人や漁船ごとに1年間の漁獲量を割り当て、割当てを超える漁獲を禁止することで漁獲量の管理を行う制度である。割当てが定められているため、水産資源について「共有地の悲劇」の問題を引き起こさない。また、割当ての範囲で漁業者が自由な時期に漁を行えるので、値段の高い時期に出漁することができるなど、経済合理性に基づいて漁業ができる制度となっている。

日本では、2011年より新潟県佐渡市赤泊地区の南蛮エビのえびかご漁業で、初めて実質的なＩＱ制度が導入された。本稿では、佐渡の南蛮エビ漁に導入されたＩＱ制度により、南蛮エビの価格にどのような変化が生じたのかについて、ＩＱ制度導入前後の南蛮エビの価格を比較し、経済合理性が達成されているかどうかを検証する。

メリットが大きいＩＱ制度

ＩＱ制度のメリットとしては、主に次の2点が挙げられる。第一に、個々の漁業者に一定の漁獲量が割り当てられるので、オリンピック方式と呼ばれる早い者勝ちの漁獲競争を排除することができる。第二に、各漁業者が割り当てられた漁獲量を、できるだけ低費用かつ高価格で漁獲・出荷する経済的インセンティブが生み出され、操業の効率性が実現する。一方、デメリットとしては、割当てを超過して漁獲した場合の隠蔽や虚偽報告が行われる可能性、割当量をどう決めるのかの問題が挙げられる。しかし、市場出荷量を適正にチェックし、科学的な生物資源量の計測と管理に基づく割当てを算出することにより、デメリットは克服できる。実際に、アイスランドやノルウェーに代表される水産資源大国でIQ制度は実施され、成功を収めてきた。

IQ制度導入で高まる南蛮エビの価格

佐渡市赤泊地区のえびかご漁業に、初めてIQ制度が導入され早7年目を迎える。画期的制度であるIQ制度の経済効果を検証するために、制度導入前後の南蛮エビ大銘柄の市場価格を比較する。IQ制度導入前後の南蛮エビ大銘柄の佐渡荷の出荷量と単価の散布図を図表2-4に示す。

図表2-4を見ると、IQ制度導入前に外れ値が3点あるものの、全体的に佐渡荷の単価はIQ制度導入後に高くなる傾向が見られる。この市場価格データから得られる、佐渡荷の平均単価の変化を図表2-5のグラフにまとめる。

図表2-5より、IQ制度導入後に平均単価が上昇していることが確認できる。第一に、佐渡荷の平均単価は、IQ制度導入前の2010年度に6711円／箱であったのが、導入後の2013年に7471円／箱となり、760円／箱上昇している。さらにIQ制度導入後2年目の2014年には7658円／箱となり、187円／箱上昇し、導入前と比べて947円／箱の単価上昇が見

図表2-4①　**IQ制度導入前後の南蛮エビ大銘柄価格散布図（2010年度、2013年度、2014年度の比較）**

(1) IQ制度導入前（2010〈平成22〉年度）

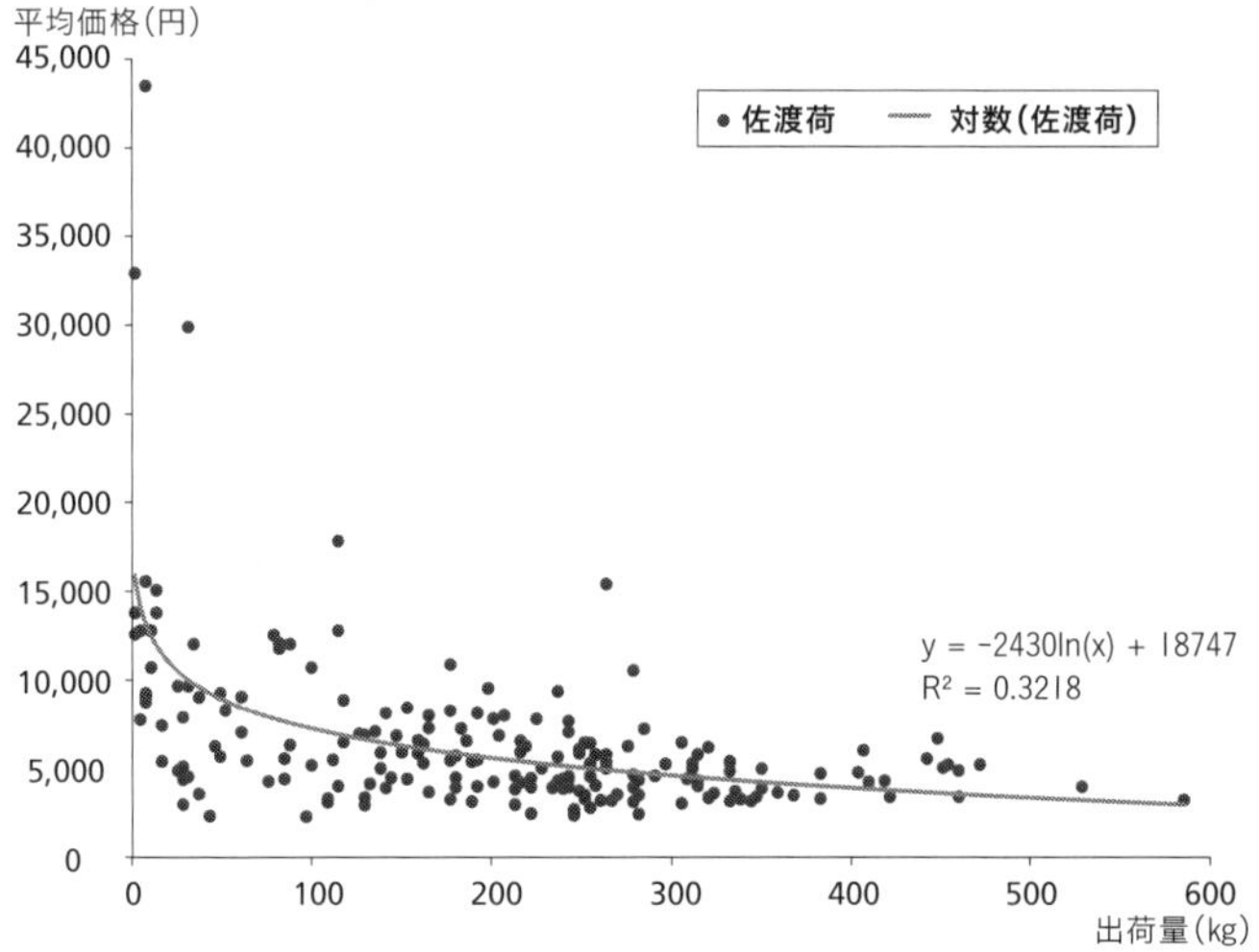

(2) IQ制度導入1年目（2013〈平成25〉年度）

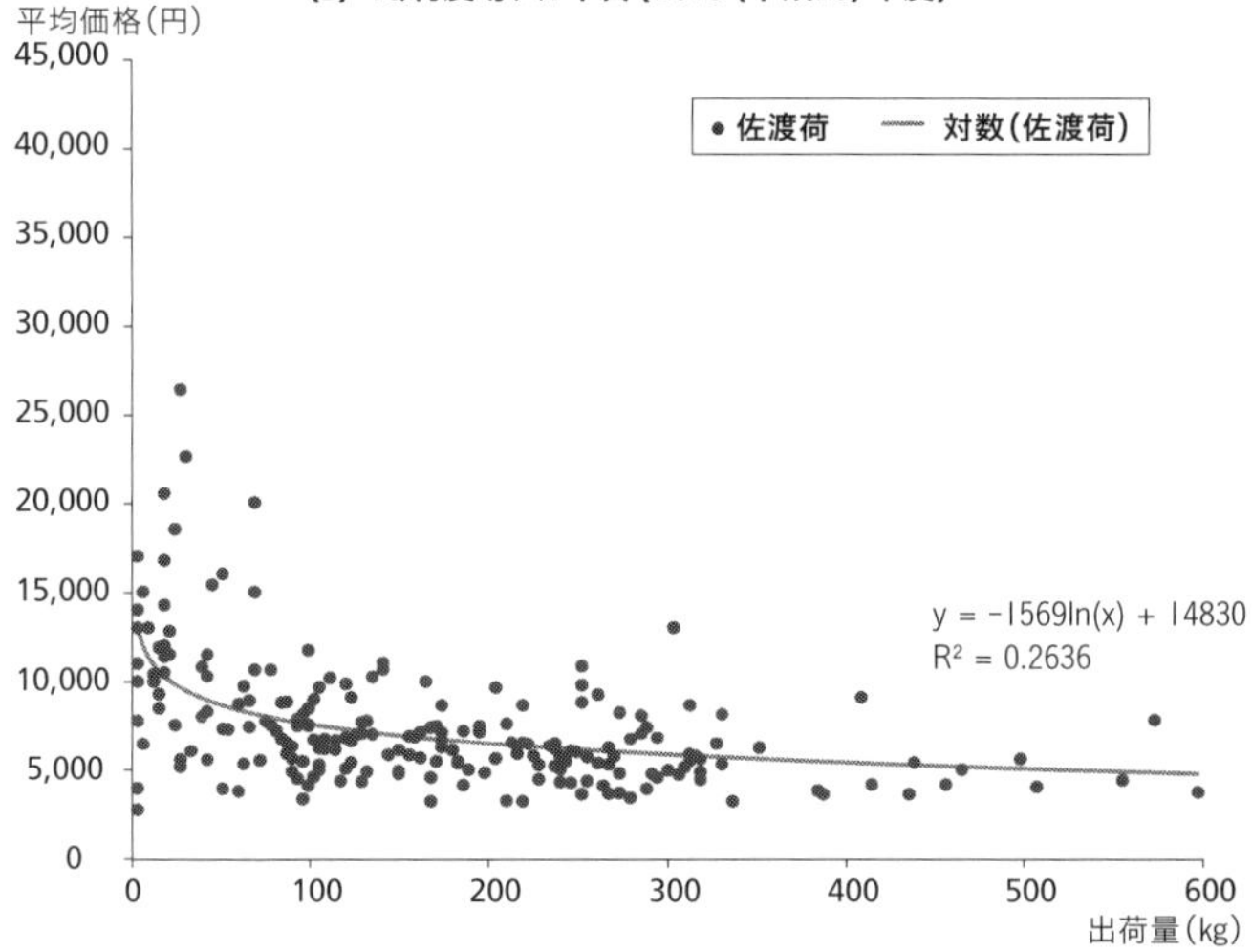

図表2-4②　**IQ制度導入前後の南蛮エビ大銘柄価格散布図（2010年度、2013年度、2014年度の比較）**

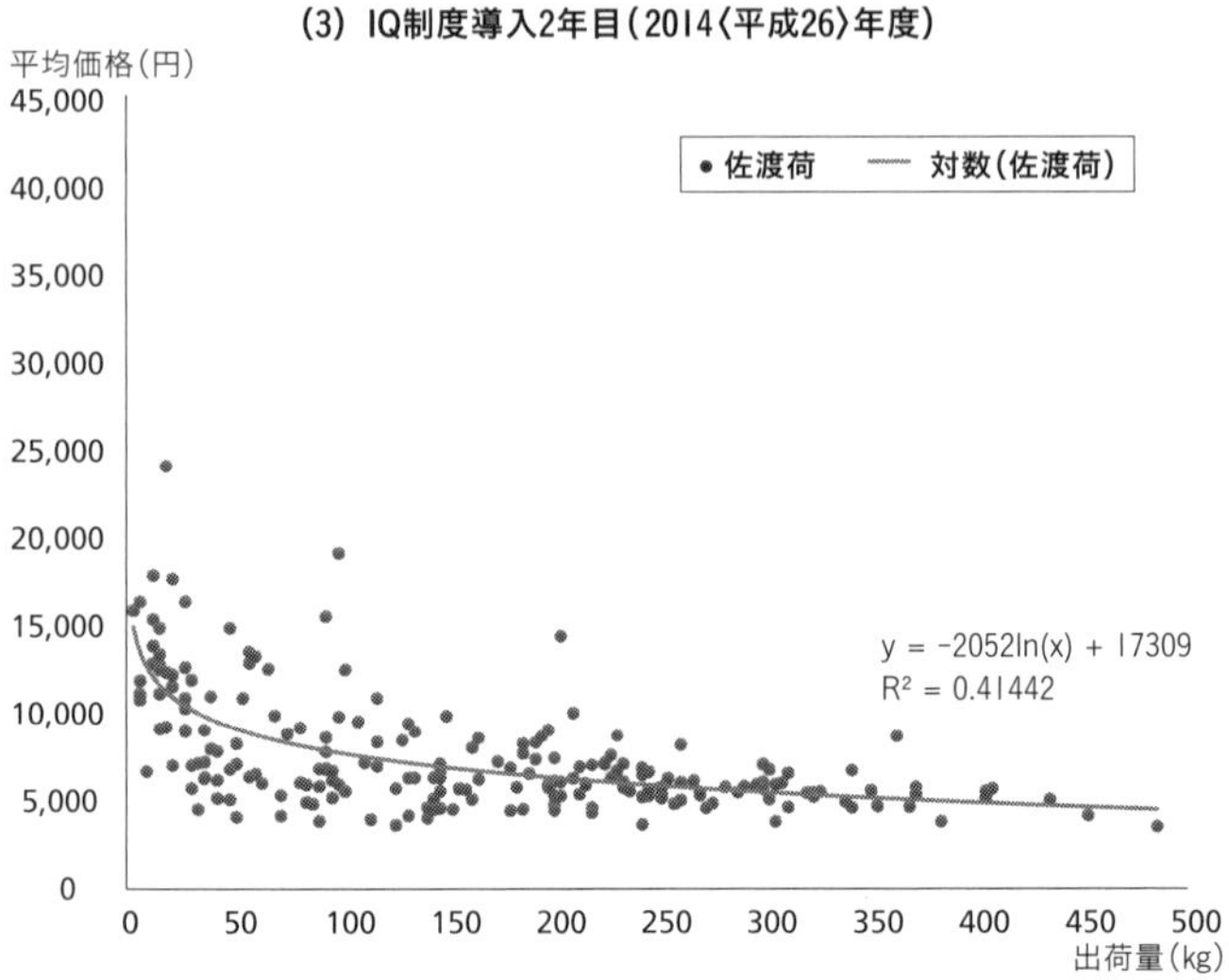

出所：第8回新潟県新資源制度導入検討委員会報告書（平成28年7月26日開催）「資料4」より筆者作成。

図表2-5　**IQ制度導入前後の南蛮エビ大銘柄平均単価の推移**

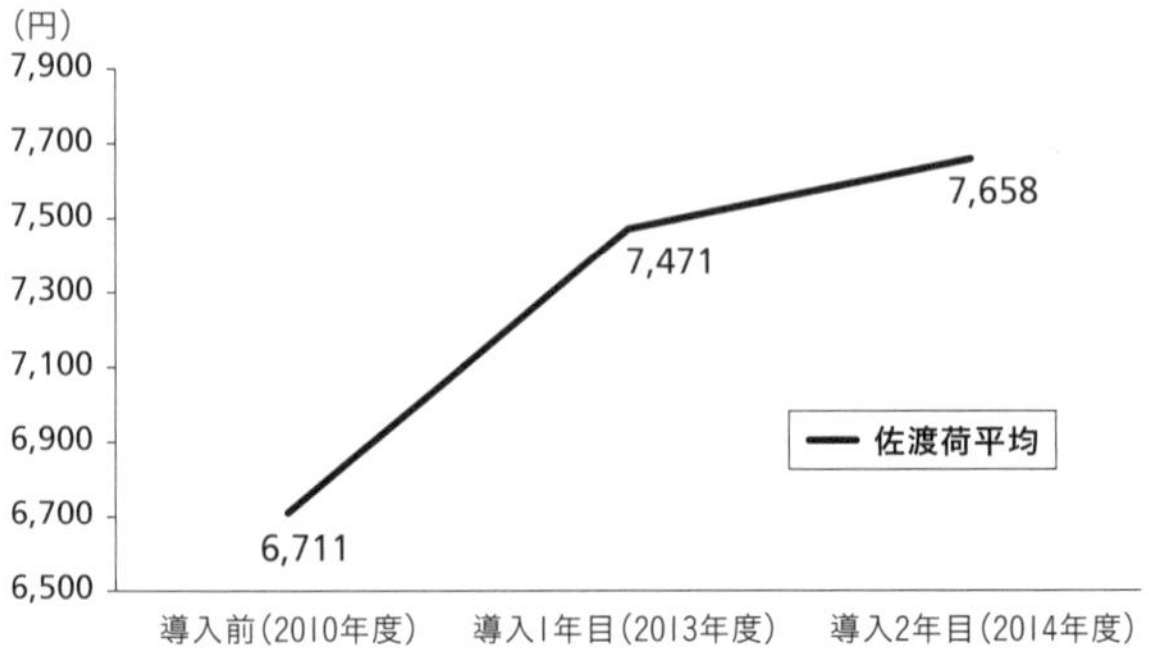

出所：第8回新潟県新資源制度導入検討委員会報告書（平成28年7月26日開催）「資料4」より筆者作成。

られる。これらは単純な平均の比較であるが、ＩＱ制度導入前には単価が高い外れ値が3点存在していたことを考慮すると、外れ値を除いた単価はさらに上昇傾向にある。

平均単価の上昇が見られる理由の一つは、ＩＱ制度導入により単価の高い夏季操業が可能になったことが挙げられる。また夏季操業等に伴い、佐渡荷と沖合底びき（沖底）との競合が回避されたことで、沖底の平均単価も上昇したと推測される。7月と8月に平均単価が高くなる傾向のあることは、月別単価のデータから示されている。

市場での競合回避による単価の維持

次に、南蛮エビ大銘柄価格が下落する一つの要因は、えびかご漁業（佐渡荷）と沖底漁業が同じ日に新潟市場に出荷することにある。ＩＱ制度導入のメリットは、各漁業者に1年間の漁獲割当てが定められるため、単価が最も高い月や週を選んで出漁・出荷することで、収益最大化を実現できることである。以下では、市場競合による単価下落をある程度回避できるのかどうかを検討する。

ＩＱ制度導入前後で佐渡荷が沖底と出荷市場で競合するときと、競合しないときとの佐渡荷市場価格の散布図を、図表2-6に示す。また市場価格のデータから得られる、ＩＱ制度導入前後の佐渡荷の平均単価を図表2-7のグラフにまとめる。

図表2-7より、沖底と競合するときと非競合のときとの佐渡荷平均単価を比較すると、非競合

図表2-6① IQ制度導入前後の競合と非競合の佐渡荷単価比較（2010年度、2013年度、2014年度の比較）

(1) IQ制度導入前（2010〈平成22〉年度）

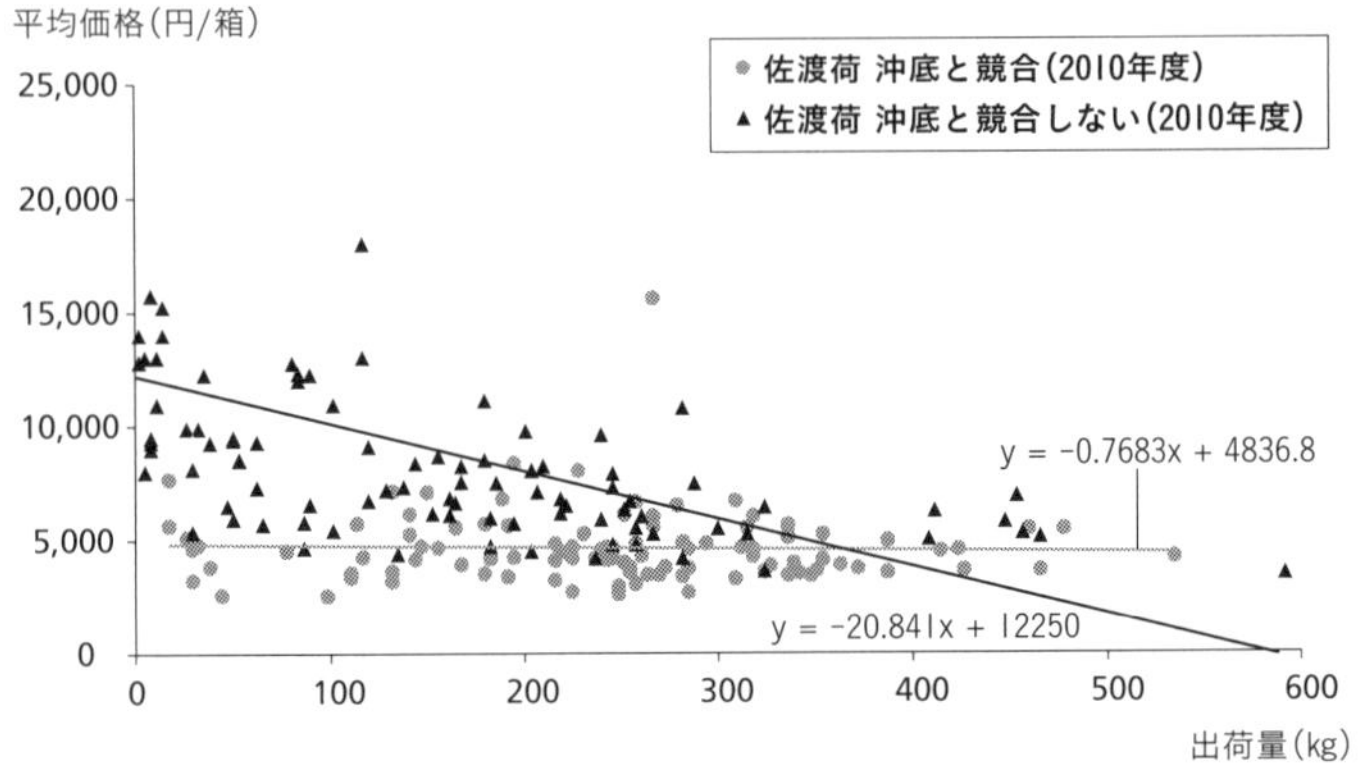

(2) IQ制度導入1年目（2013〈平成25〉年度）

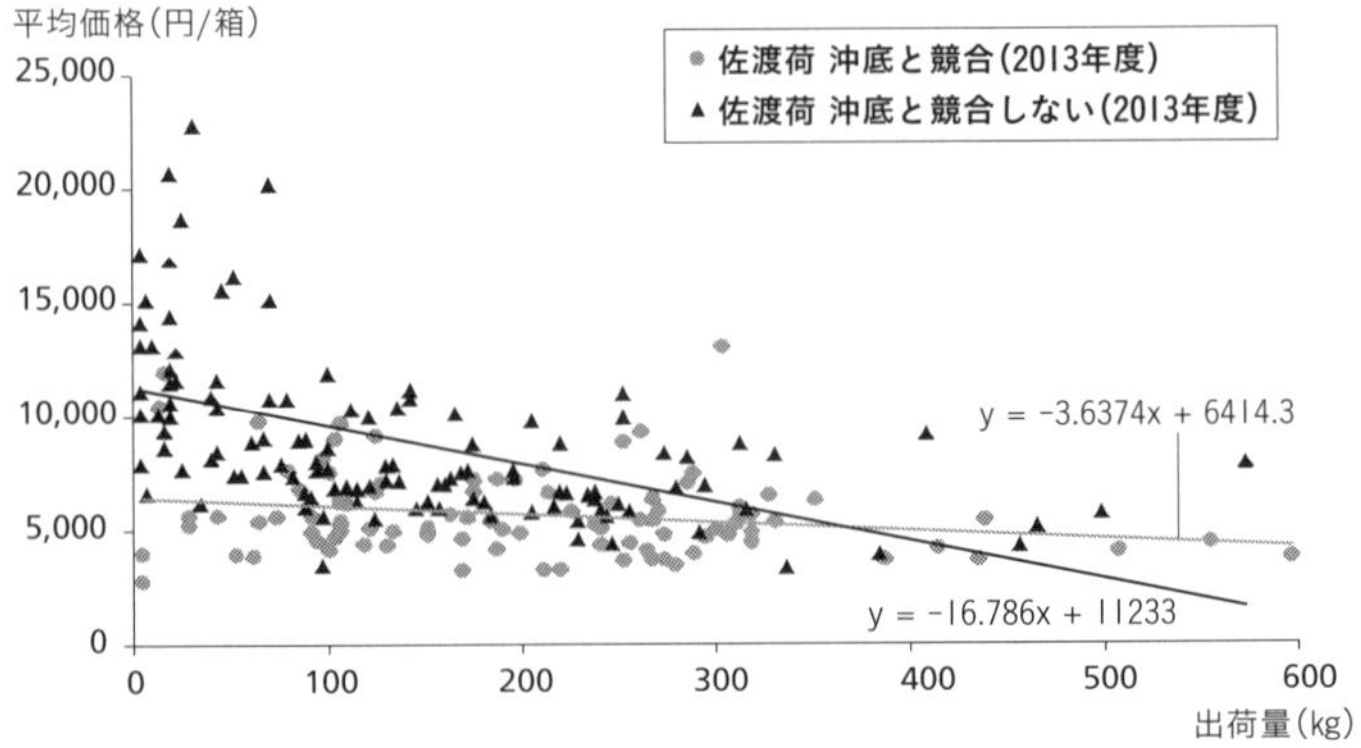

図表2-6②　**IQ制度導入前後の競合と非競合の佐渡荷単価比較（2010年度、2013年度、2014年度の比較）**

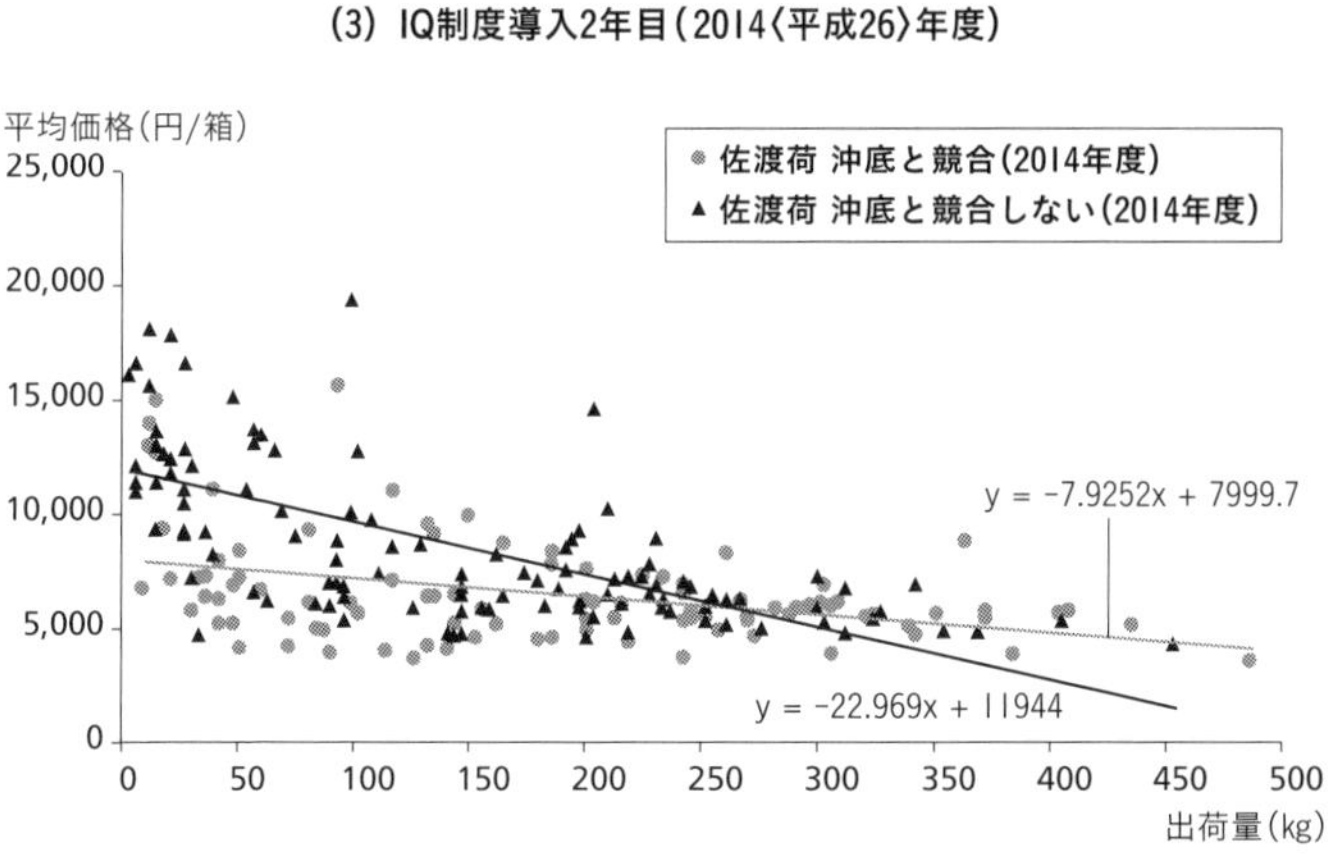

出所：第8回新潟県新資源制度導入検討委員会報告書（平成28年7月26日開催）「資料4」より筆者作成。

図表2-7　**IQ制度導入前後の競合と非競合の佐渡荷平均単価の推移**

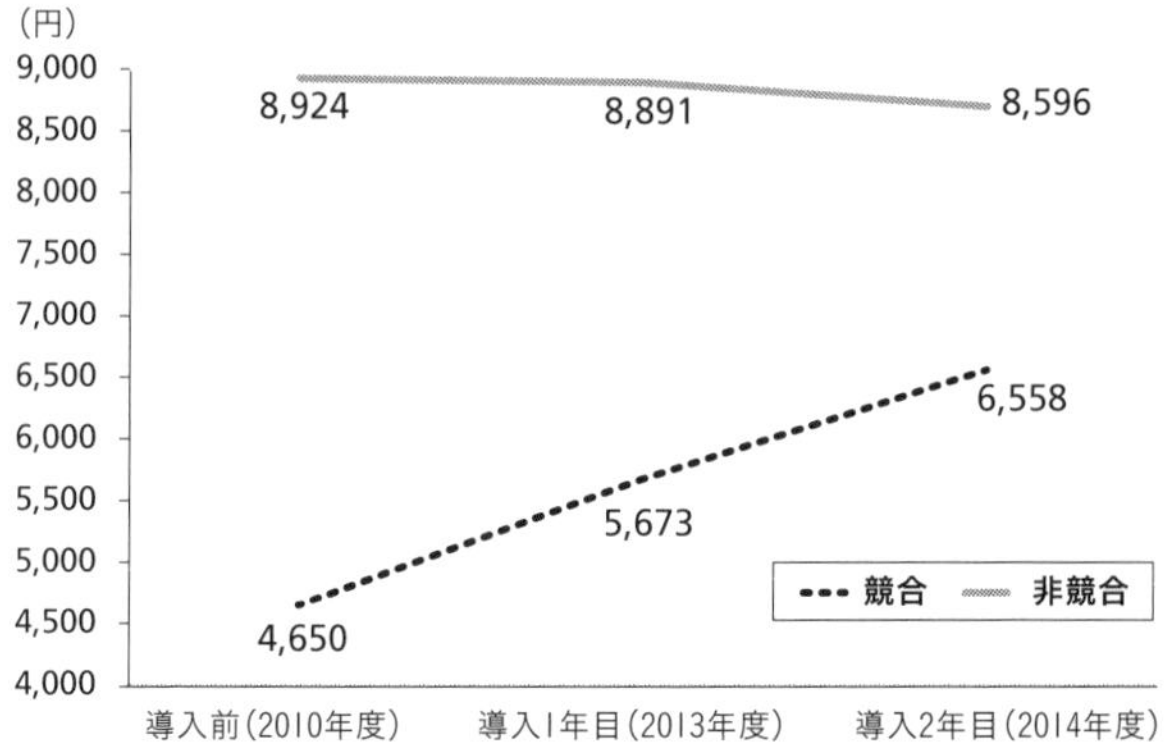

出所：第8回新潟県新資源制度導入検討委員会報告書（平成28年7月26日開催）「資料4」より筆者作成。

の方が明らかに平均単価が高くなっている。このことから、沖底との競合を避けることが確実に単価上昇につながることが確認できる。ＩＱ制度導入による影響を見ると、ＩＱ制度導入後に非競合の平均単価は若干下がっているがさほど変化はない。一方、競合時の単価は、ＩＱ制度導入後に大幅に上昇していることが確認できる。このことが生じる理由として、ＩＱ制度導入前後で出漁日数にほとんど変化がないことから、非競合となる夏季操業日数の増加に伴い、沖底と競合する操業・出荷日数が減少したため、競合時の単価が引き上げられたと推測される。

ＩＱ制度の経済的効率性に目を向けよ

本稿では、ＩＱ制度導入のわが国初の試みである佐渡市赤泊地区の南蛮エビえびかご漁業について、制度導入前後の大銘柄単価の変動に関する調査結果を示した。結果として第一に、ＩＱ制度導入後、佐渡荷の大銘柄平均単価が上昇する傾向をデータより確認できた。実は、ＩＱ制度導入前の佐渡荷単価には年末とゴールデンウイークに値段が高騰した外れ値が3点あり、この値の影響を考慮しなければ、ＩＱ制度導入後の単価上昇傾向はより鮮明に表れる。

第二に、ＩＱ制度導入後に単価が上昇した理由を検討するために、ＩＱ制度導入後に佐渡荷と沖底の競合状態がどう変化したかについて調査した。結果として、ＩＱ制度導入後に、競合時の佐渡荷平均単価が大幅に上昇する一方、非競合時の平均単価は若干下落することが明らかになった。

ＩＱ制度導入後の平均単価上昇を説明する理由として、単価の高い夏季操業が可能になったことと、夏季操業等に伴い、佐渡荷と沖底との競合日数が減少したことが挙げられる。

この調査結果からも、佐渡の南蛮エビえびかご漁業でのＩＱ制度の導入は、沖底との競合を減らし、また夏季操業を認めることで、需要の大きい高価格の時期に出荷することができるという利点があることが明らかとなった。ＩＱ制度の導入は、漁業者が割り当てられた漁獲量をできるだけ高価格時に漁獲・出荷する経済的インセンティブを与える。本稿で示した単価向上の結果は、ＩＱ制度導入に経済的効率性が存在することを裏付けるものである。水産資源の枯渇が長い間叫ばれ、水産資源管理が喫緊の課題である日本の漁業において、こうした経済的効率性に基づいたＩＱ制度の普及が、漁業復活の処方箋となることを願ってやまない。

〈参考文献〉

小松正之「インタビュー　日本の食の未来：File2　漁業復活の処方箋」、日経ビジネスオンライン（２０１４年６月10日、11日、12日）
http://business.nikkeibp.co.jp/article/interview/20140605/266271/
小松正之「新潟県佐渡島で日本初の本格的「個別漁獲割当制度」を導入」、『しま』第60号３巻、２０１５年、30〜41頁
農林水産省「海面漁業生産統計調査」
http://www.maff.go.jp/j/tokei/kouhyou/kaimen_gyosei
寳多康弘・馬奈木俊介編『資源経済学への招待：ケーススタディとしての水産業』ミネルヴァ書房、２０１０年

論点2

法的にみた日本の水産業の活性化の諸課題——利尻島・礼文島の事例から考える

REVITALIZATION OF JAPAN'S FISHING INDUSTRY: A LEGAL PERSPECTIVE
—THE CASES OF RISHIRI AND REBUN ISLANDS

北海道大学法学研究科教授　児矢野マリ

北海道の水産業の抱える問題——日本の縮図

北海道は、日本の水産業の要である。2014（平成26）年の北海道における海面漁業と養殖業の生産は、量・額ともに全国都道府県別第1位である（北海道水産林務部総務課編、2016）。そして、水産業は北海道の基幹産業の一つであり、かつ沿海部および離島における地域社会の基盤でもある。しかし、他の地域と違わず、全体として二つの問題——①総生産量と主要魚種（スケトウダラ、サンマ、ホッケ、サケ等）の生産量の減少、②漁業就業者の減少と高齢化——を抱える（北海道水産

図表2-8　利尻島と礼文島の位置

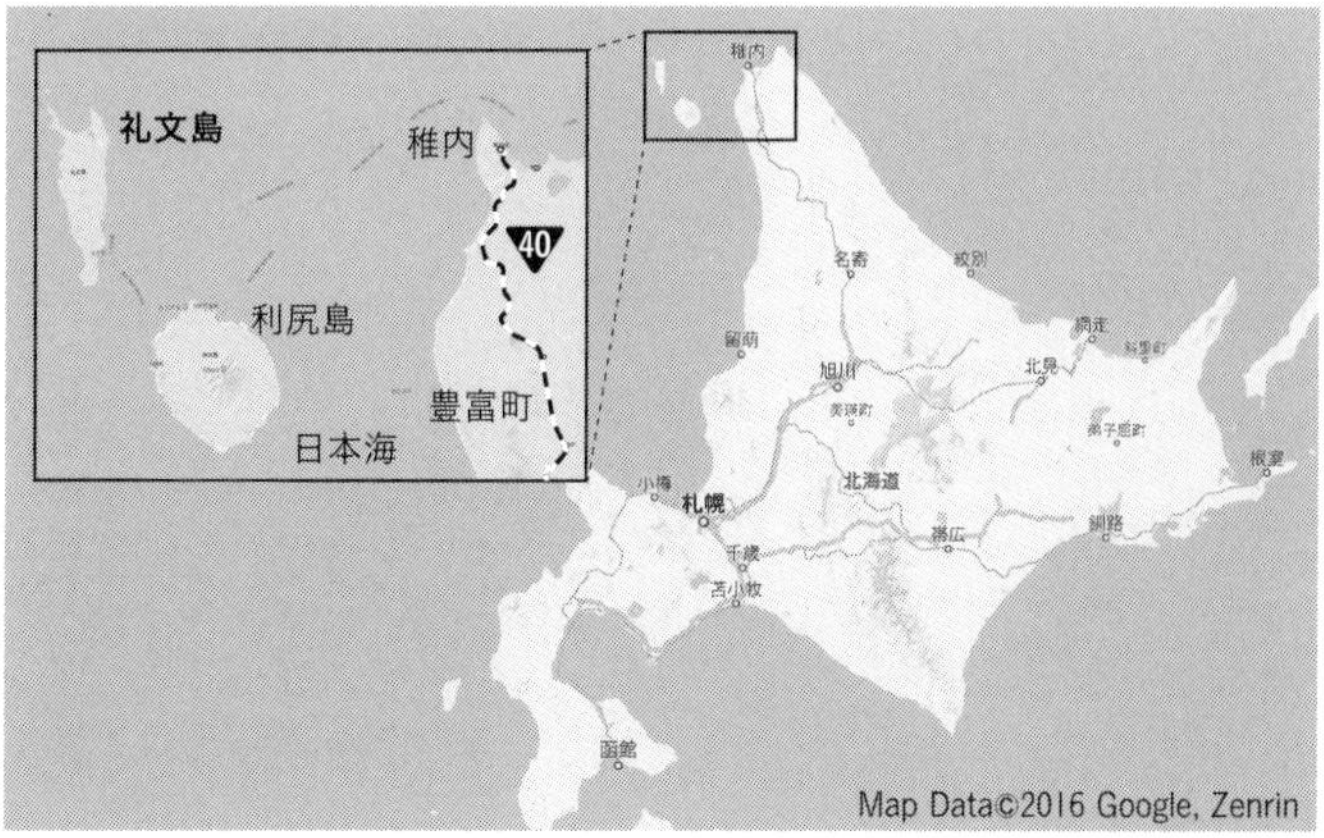

出所:Google Mapをもとに筆者作成。

林務部総務課編、2016)。これは、北海道の水産業と地域社会の持続可能性を脅かしている。

本稿では、北海道の利尻島と礼文島を例に、特に右記①について法政策的な観点も交え若干の考察を行う。両島の地域社会は水産業に大きく依存し、右記二つの問題も顕在化している。しかし、その中でいずれについても町独自の取り組みがあり、事例研究には好例だからである。なお、両島では右記②についても特筆すべき展開があるが、紙面の制約により、その紹介と検討は別の機会に譲る。

利尻島と礼文島の水産業 ——その特徴と最近の傾向

利尻島と礼文島は、北海道北西部日本海の

離島であり、利尻島には利尻富士町と利尻町が、また礼文島には礼文町がある（図表2-8）。

両島の周囲の海は、非常に豊かな漁場である。両島は宗谷海峡に隣接し、寒流のリマン海流と暖流の対馬海流の交差に加え、オホーツク海の流氷の影響を受けるからとされる。そして、かつて両島はニシン漁で栄え、現在も町の主要産業は水産業である。観光業はそれに続くが、この12年間で観光客は半減した。ニシンが不漁となった1955（昭和30）年をピークに人口も激減し、過疎化は深刻である。そして、住民の3割以上が65歳を超える。

両島の水産業は、礼文町船泊地区の漁業協同組合（漁協）による水産加工を除き、長年漁獲漁業が中心である。両島ではともに3種の漁業――根付漁業、漁船漁業、養殖漁業――が行われており、ほぼすべての漁業者は根付漁業に従事する。礼文島では漁船漁業も盛んである。

主な漁獲魚種は、根付漁業では、エゾバフンウニ（略称ウニ）、キタムラサキウニ（略称ノナ）、天然コンブ、ナマコ（タモ漁）、アワビ、ワカメである。いずれも、第一種共同漁業権に基づく漁協の管理下での組合員の漁獲である。漁船漁業では、ホッケ、タコ、ナマコ（桁曳漁）は3町に共通するが、利尻富士町ではカレイ、オオナゴ、ケガニ・タラバガニ、サケもあり、礼文町ではそれに加えてマダラ、イカナゴも含め多様な魚種がある。魚種（漁法）ごとに法的根拠は多様である（図表2-9）。養殖漁業は、特定区画漁業権に基づく漁協の管理下での養殖コンブである。そのうち主要魚種の生産量・額は、図表2-10のとおりである。

そして、近年両島では、特に根付漁業のエゾバフンウニ、漁船漁業のホッケ、マダラといった主

図表2-9　利尻島・礼文島における主要魚種の漁船漁業の法的根拠

魚種(漁法)	法的根拠
ホッケ、カレイ、マダラ(刺し網漁)	第二種共同漁業権に基づく漁協の承認、又は、動力漁船を使用する場合は北海道海面漁業調整規則(第5条)に基づく知事許可(操業海域により異なる)
タコ(空釣漁、いさり)	第一種共同漁業権に基づく漁協の承認、又は、動力漁船を使用する場合は北海道海面漁業調整規則(第5条)に基づく知事許可(操業海域により異なる)
ナマコ(桁引き漁)	第一種共同漁業権に基づく漁協の承認及び北海道海面漁業調整規則(第5条)に基づく知事許可の両方が必要
オオナゴ(火光等を利用敷網漁)	北海道海面漁業調整規則(第5条)に基づく知事許可
イカナゴ(すくい網漁)	宗谷海区漁業調整委員会の承認
オオナゴ、イカナゴ(小定置漁)	第二種共同漁業権に基づく漁協の承認
オオナゴ、イカナゴ(地引網漁)	第三種共同漁業権に基づく漁協の承認
ケガニ、タラバガニ(刺し網漁)	北海道海面漁業調整規則(第45条)に基づく知事許可(特別採捕) *刺網による資源量の把握、適切な操業体制の確立、資源分布及び経営分析(企業化検討)調査を実施
サケ(刺し網漁)	北海道海面漁業調整規則(第45条)に基づく知事許可(特別採捕) *今後の資源の適正利用の検討を目的に、刺し網等の漁法による放流効果及び回帰状況の調査を実施

出所：北海道宗谷総合振興局産業振興部水産課、関係各町役場からの回答等に基づく。

要魚種の漁獲生産量が減少傾向にある（図表2-11）。その原因は定かでないが、海水温の上昇や海流の変化、漁獲圧、着業者の減少などが考えられる。

両島の漁協として、利尻島に利尻漁協〔2008（平成20）年に4漁協（鴛泊、鬼脇、沓形、仙法志）が合併〕、また礼文島には香深漁協と船泊漁協がある。その組合員数は、2016（平成28）年1月現在で利尻漁協が315名、香深漁協が150名、船泊漁協が210名であり、いずれも減少が続いている。40〜50歳代の組合員の比率が最も高く、平均年齢は60歳代半ばである。ただし、漁協の経済規模には差異がある。2013（平成25）年データでは、組合員1人当たりの販売取扱高と預金残高は船泊漁協が最大で、利尻漁協の2倍である（北海道宗谷総合振興局、2015）。

図表2-10 ①　2015年における利尻富士町・利尻町・礼文町の各主要魚種の生産量

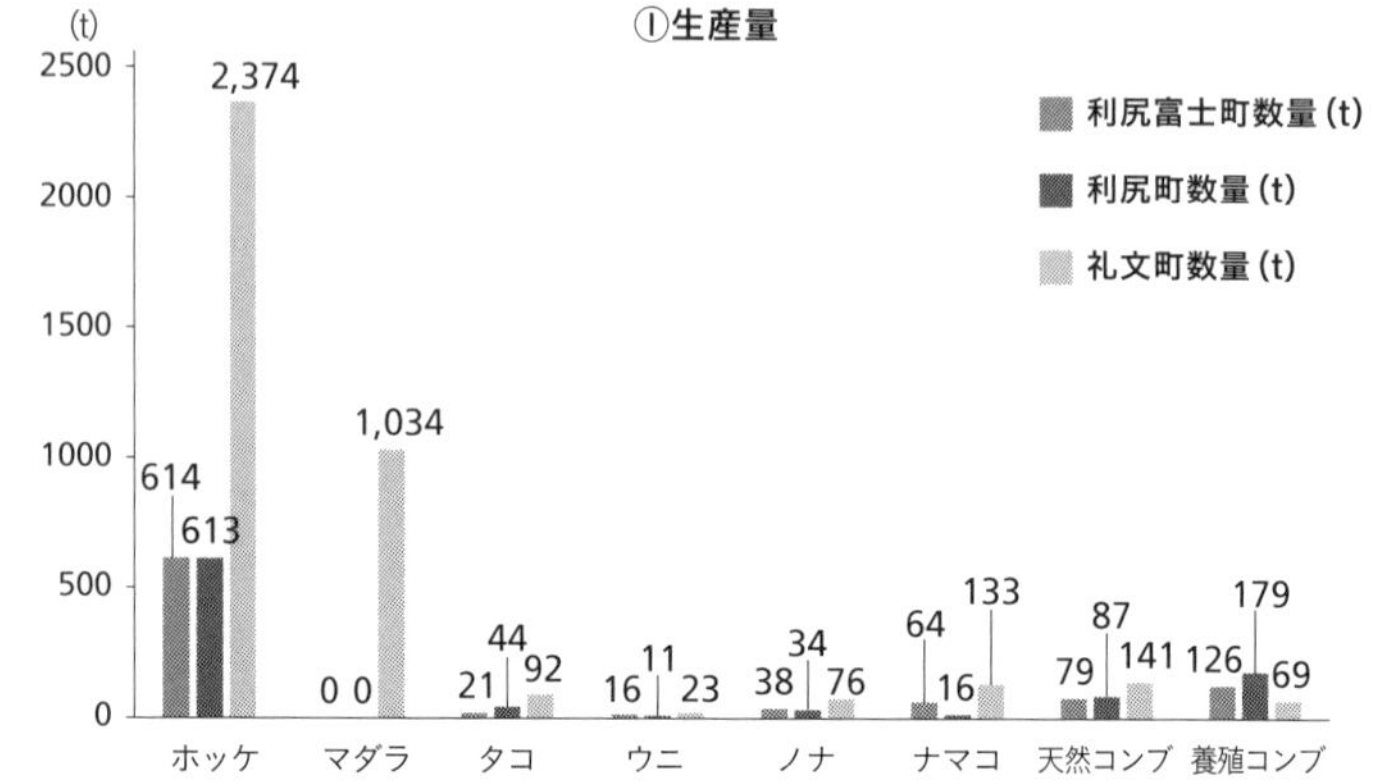

図表2-10 ②　2015年における利尻富士町・利尻町・礼文町の各主要魚種の生産額

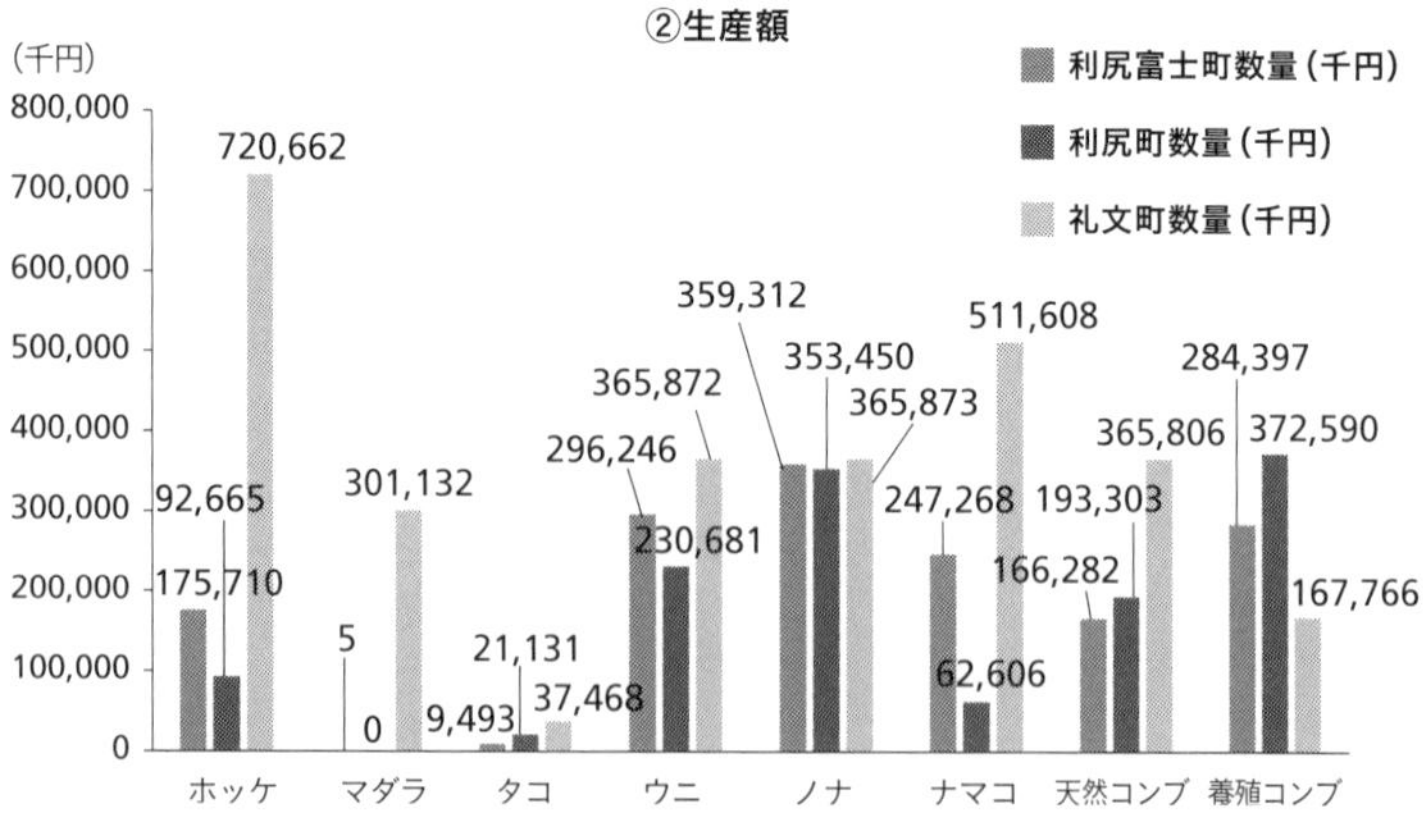

出所:下記文献に明記されたデータを基に筆者作成:利尻富士町産業振興課水産港政係「平成28年版 利尻富士町の水産」(平成28年4月) 2016年、利尻町まちづくり振興課「平成27年漁業生産状況資料」(平成28年1月) 2016年、礼文町「魚種別漁獲高の推移」(平成28年2月) 2016年(いずれも各町担当者より入手)。

図表2-11　過去10年間の利尻富士町・利尻町・礼文町におけるホッケ、マダラ、エゾバフンウニの生産量の変化

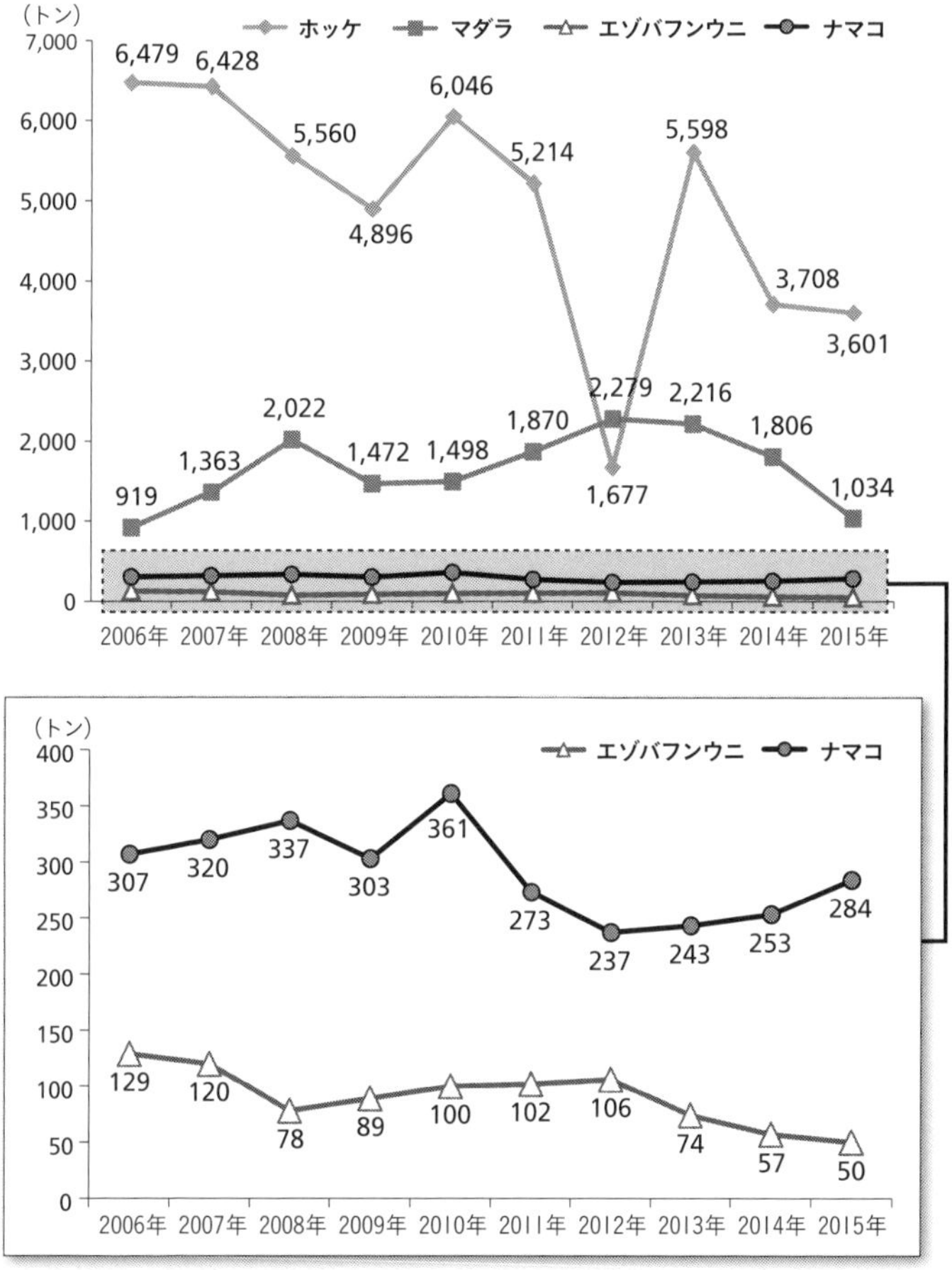

出所：下記文献に明記されたデータを基に筆者作成：利尻富士町産業振興課水産港政係「平成28年版 利尻富士町の水産」(平成28年4月) 2016年、利尻町まちづくり振興課「平成27年漁業生産状況資料」(平成28年1月) 2016年、礼文町「魚種別漁獲高の推移」(平成28年2月) 2016年（いずれも各町担当者より入手）。

ホッケとマダラ——生産量の減少傾向と資源量減少の懸念

この数年間、漁船漁業の主要魚種のホッケとマダラの生産量が減少している（図表2-11）。また、両島周辺海域の北海道道北系群ホッケと日本海マダラの資源水準は低位で、資源動向も減少傾向にある（北海道水産林務部総務課編、2016）。その原因としては、前述したようにさまざまなものが考えられる。ただし、いずれにせよ資源水準が低位で資源動向も減少傾向にあるとされる以上、将来にわたる漁獲の維持のためには、科学的知見を踏まえた適切な資源管理が必要である。生産量の減少が漁獲物の単価上昇を招いたこともあり、直近の年生産総額は前年より高いが、かつてのニシン漁、スケトウダラ漁のように資源の激減により漁獲自体が困難になっては、元も子もないだろう。

このうち特に資源の減少が著しい北海道道北系群ホッケについては、2012（平成24）年から3年間、漁業者による漁獲量または漁獲努力量の3割削減という自主的資源管理が実施された。しかし、資源の回復は見られないため、この対策はさらに3年間継続されている（北海道水産林務部総務課編、2016）。ホッケ漁には法令に基づく漁獲量の規制はなく、上記の暫定的な自主管理を除けば、各漁協による漁獲サイズや漁期等の自主的規制のみである。

そしてホッケもマダラも、海洋生物資源の保存及び管理に関する法律（TAC法）のもとで総漁獲可能量（TAC：Total Allowable Catch）が設定される魚種とはなっていない。かつて政府内では、両種をTAC対象魚種に追加すべきか検討された（TAC制度等の検討に係る有識者懇談会、2008年4～12月）が、TACの決定に足る科学的知見が十分ではなく、資源状況の悪化も見られないという理由で、見送られた（TAC制度等の検討に関する有識者懇談会、2008）。しかし前述のように、その後北海道道北系群ホッケと日本海マダラの資源状態は悪化した上に、ホッケについては上記自主的資源管理も功を奏していない。また、地元では稚内沖合底引き網漁業者の底びき網漁による両島沖合海域でのホッケの大量漁獲を懸念する声もある。したがって、北海道日本海海域のニシン漁やスケトウダラ漁と同じ轍を踏まないためには、困難とされる資源量推定や将来予測のための科学的方法の開発を強力に推進し、TACによる実効的な水準での漁獲規制の導入可能性を再検討する必要はないだろうか。前述の懇談会は、上記魚種を含め、今後の科学的知見の集積とともに、資源の特性を踏まえつつ、TAC対象魚種の追加の可能性を継続的に検討すべきとしている。

エゾバフンウニ――生産量の減少傾向と種苗育成・放流の取り組み

エゾバフンウニも、近年生産量が減少傾向にある（図表2-11）。現在の資源状態については科学的データがなく、減少の理由も不明である。地元の漁業者からは、従来エゾバフンウニの生息域であった浅瀬でキタムラサキウニ（より生命力が強く比較的深い海域で生息する）が繁殖し、エゾバフンウニを見なくなったという指摘もある。海水温の上昇、キタムラサキウニを増やすための人為的な浅瀬への移植等により、両者間の棲み分けに異変が起こったのではないかともいわれる。こうして、資源状態が懸念される。したがって、目視調査などで継続的にウニの資源量調査と生態を把握することも推奨されるように思われる。

ウニ漁に対しては、北海道海面漁業調整規則による漁獲サイズの規制があり（第35条）、さらに両島の各漁協は、より厳格な漁獲サイズの自主的制限を設けている。また、科学的データに基づくものではないが、各漁協の毎年次事業計画に組合員による総漁獲量の明記がある。ただし、これは一応の目安と言われている。

利尻島では長年、利尻町の予算（年間約3600万円）でエゾバフンウニの種苗育成・放流事業が行われてきた。21年間の実績を経て、利尻町ウニ種苗生産センターは年間約500万粒の種苗を生産し、他地域（利尻富士町の利尻漁協本所（鴛泊）と稚内漁協）に60万粒を販売し、残りを町内に放流している。明確な漁獲量制限のない状況で、こうした栽培事業の効果には疑問を呈する声もある。けれども8年前の調査では、漁業者の漁獲したエゾバフンウニの約1割は放流した稚仔から育ったものと確認され、一定の成果を上げている。現在、北海道は国の「水産動物の種苗の生産及び放流並びに水産動物の育成に関する基本方針」に沿って、「北海道水産業・漁村振興条例」に基づき、「北海道・漁村振興計画（第3期）」との整合性を図り、「第7次栽培漁業基本計画（平成27～31年度）」を策定して、実施している。そこではエゾバフンウニも含めて栽培漁業の対象となる種類、種苗生産や放流の目標数等を設定し、海域（日本海、太平洋、オホーツク海）の特性に応じた栽培漁業を推進している（北海道水産林務部総務課編、2016）。利尻町の事業は、その主要な事例である。町の財政負担は大きいが、利尻島の水産業の将来を支える活動として注目される。

ナマコ――安定した生産量と種苗育成・放流による生産拡大の試み

両島では、約10年前にナマコの生産量が増え始め、それ以降比較的安定している（図表2-11）。そのほとんどは中国に輸出される。北海道のナマコは中華料理の高級食材として重宝され、中国経済の成長とともに需要が高まり、価格も高騰した。これを背景に、利尻町では前述のウニ種苗生産センターが、また利尻富士町は水産指導所と連携し、ナマコの種苗育成・放流事業と港を利用したナマコの増殖試験を行っている。礼文町も、最近ナマコの種苗育成試験を開始した。こうした動きは、前述した北海道の栽培漁業の推進を支える。そして北海道は現在、道立水産試験場を通じて、放流効果の把握、種苗育成技術として餌の開発、安価で効率的な育成技術の開発に取り組んでいる（北海道水産林務部総務課編、２０１６）。

ナマコ漁はウニ漁と同様、北海道漁業調整規則と漁協による漁獲サイズ・漁期の規制に服するが、漁獲量規制はない。栽培漁業が進んでいるとはいえ、ウニ漁と同じくオリンピック方式で「獲れるだけ獲る」という在り方には、持続可能性の観点から懸念はないだろうか。栽培漁業の推進と並行し、なにがしかの漁獲量コントロールの導入の是非を検討する余地があるようにも思われる。

より広い視野に立つ資源管理の法と政策の必要性

利尻島と礼文島の水産業は近代のニシン漁に始まり、ニシン不漁後はホッケやマダラを含む別の魚種に転換し、今日まで続いてきた。そして近年、これらの主要魚種のみならず沿岸種のエゾバフンウニについても、生産量に減少傾向が見られる。果たして、これまでのような魚種転換は今後も可能なのだろうか。魚種には限りがあることを考慮すれば、このような疑問が湧いてこざるを得ない。

その一方で、生産量が下がれば漁獲物の単価は上がり、逆に短期的には少ない量で漁業者と漁協は経済的に潤うため、中・長期的な視点に立った資源管理へのインセンティブは働きにくいという現実もある。しかし、漁獲物単価の上昇は水産加工業者を逼迫させるため、水産業の衰退を食い止めるために国が進める水産業の第6次産業化を、ますます遠ざけるだろう。そして、漁業者の漁獲する資源の減少傾向も続き、中・長期的には漁獲それ自体も窮地に陥るおそれがあることも否めない。

さらに、漁業者の高齢化により、水産業の長期的な将来を見据えた資源管理型の漁業を追求するモーメントが、地域社会に欠けることも否めない。若年の漁業就業者が多ければ、この先もずっと長く続けることのできる漁業の推進は地域社会にとって死活的に重要だろうが、逆に少なければ、将来に向けた危機感は上記の場合に比べて相対的に強くはないからである。この意味で、適切な資源管理の実現は若年の漁業就業者の確保および育成とも密接に関わるのであり、冒頭で述べた二つの問題は裏腹の関係にある。とすれば、現行の自主規制にとどまらず客観的かつ科学的な知見を踏まえた資源管理を強化し、中・長期的に持続可能な漁業を推進することは、若年の漁業者の確保と増大にとってもプラスに働く可能性があるだろう。したがって、漁業に依存する地域社会にとっても、過疎化を食い止め持続可能な発展を推進していく一つのきっかけになりうるのではないだろうか。

利尻島と礼文島の事例は、われわれに実に多くのことを考えさせる。持続可能な水産業と地域社会を実現するため、現場の経験も踏まえつつ、より広い視野に立って資源管理をめぐる法と政策について考える必要がある。

謝辞

本稿の執筆に当たっては、利尻島と礼文島の現地調査、関連資料・データの入手、法的事項の確認に関して、日本離島センター、利尻富士町役場、利尻町役場、礼文町役場、利尻島郷土資料館、利尻町立博物館、礼文町郷土資料館、利尻漁協、香深漁協、水産加工業ジンポーフーズ、北海道漁業協同組合連合会、北海道宗谷総合振興局産業振興部水産課の関係者各位に大変お世話になった。記してお礼申し上げる。

本研究は、ＪＳＰＳ科研費１６Ｈ０３５７０の助成および三菱財団人文科学研究助成を受けた研究成果の一部である。

〈参考文献〉

TAC制度等の検討に関する有識者懇談会「TAC制度の課題と改善方向（中間取りまとめ）」（平成20年9月）、2008年
北海道宗谷総合振興局振興部水産課編『宗谷の水産 平成25年度版』（平成27年10月）、北海道宗谷総合振興局、2013年
北海道水産林務部総務課編『北海道水産業・漁村のすがた 2016―北海道水産白書』（平成28年6月）、北海道、2016年
北海道水産林務部水産局漁業管理課編『北海道水産資源管理マニュアル2015年度版』北海道資源管理協議会委託、北海道・地方独立行政法人北海道立総合研究機構水産研究本部、2015年
利尻富士町産業振興課水産港政係「平成28年版 利尻富士町の水産」（平成28年4月）、2016年
利尻町まちづくり振興課「平成27年漁業生産状況資料」（平成28年1月）2016年
礼文町「魚種別漁獲高の推移」（平成28年2月）2016年

（2016年11月執筆、一部修正）

第3章

TOURISM STRATEGY

観光政策

総括

2020年に向けての日本の観光戦略——観光振興と地方創生

TOURISM STRATEGY TOWARDS 2020: PROMOTION OF TOURISM AND THE REVITALIZATION OF REGIONAL AREAS

論点 1

インバウンド観光を視野に入れたDMOの構築、その方法と課題

CREATION OF DMOS TO PROMOTE INBOUND TOURISM: METHODS AND ISSUES

論点 2

日本における民泊規制緩和に向けた議論

TOWARDS THE RELAXATION OF REGULATIONS ON "MINPAKU" IN JAPAN

総　括

2020年に向けての日本の観光戦略——観光振興と地方創生

TOURISM STRATEGY TOWARDS 2020: PROMOTION OF TOURISM AND THE REVITALIZATION OF REGIONAL AREAS

跡見学園女子大学観光コミュニテイ学部准教授　篠原靖

観光客の増加に追いつかない受け入れ態勢

2013年、政府は悲願であった訪日外国人旅行者誘客数（インバウンド旅行者数）1000万人の目標をクリアした。そして、2015年には訪日外国人旅行者数は1973万人を記録、さらに2017年には2800万人を突破する勢いを見せている（図表3-1）。また訪日客による国内消費総額は、2015年に前年（2兆2778億円）に比べ71・5％増の3兆4771億円と急増し、年間値で初めて3兆円を突破、過去最高を記録した。その後も訪日客の消費額の増加は継続しており、2016年には前年比7・8％増の3兆7476億円、2017年には前年比17・8％増となり、とうとう4兆円を突破した（4兆4161億円）。こうした流れを受け、政府は「観光」を日本の地方創生戦略お

図表3-1　訪日外国人観光客数の推移

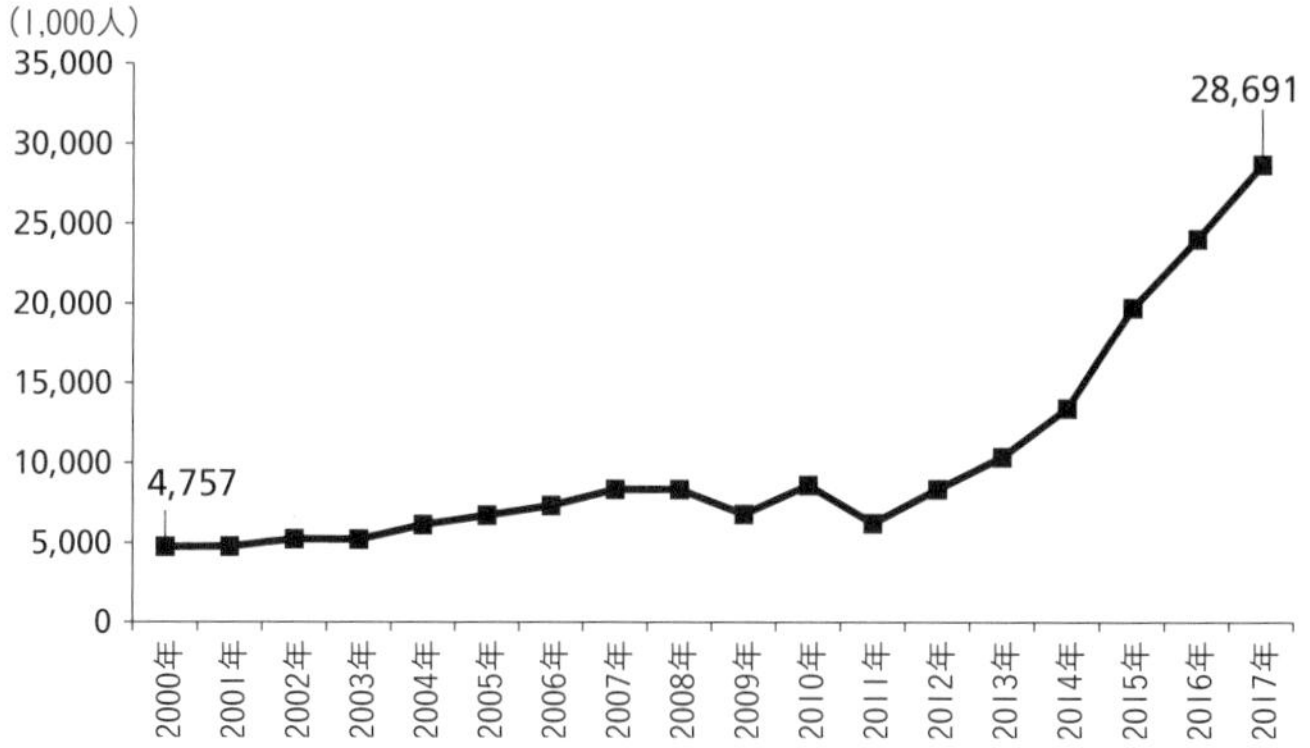

注：源数値は、2000-2008年までは法務省発表の出入国管理統計年報をもとに国土交通省が発表した数、2009-2017年は日本政府観光局の推計値。
出所：日本政府観光局(JNTO)「訪日外客数」より筆者

よび経済成長戦略の柱の一つと位置づけ、訪日外国人旅行者数の目標を4000万人まで引き上げると発表した。しかしながら、観光戦略では世界各国が競争相手となるため、目標を達成するには、観光関連規制の緩和や日本の観光の奥行きを深める受け入れ態勢のイノベーションが不可欠となってくる。本稿では、こうしたさまざまな課題を概括的に整理し提言を行う。さらに地方創生と観光を新たなステージに押し上げる基盤となる「日本版DMO(Destination Marketing/Management Organization)の構築」、そして、大都市圏での慢性的なホテル不足の中で規制緩和と既存産業保護などとの狭間で議論を呼んでいる「民泊問題」について、両分野におけるそれぞれの第一人者が具体的な方向性を示唆する論文を執筆しているので、その紹介をする。

国内観光コンテンツのイノベーション

国際収支統計によると「旅行収支」も、2014年度に黒字に転じたあと、黒字が継続している。このように訪日外国人観光客の激増が話題になっているが、ここで注視しなくてはならないのは日本人の旅行消費額の落ち込みである。2014年には約2兆円程度の急激な落ち込みが見られた。2015年（20兆4090億円）、2016年（20兆9547億円）と、その後は持ち直し傾向にあるものの、増加を続ける訪日外国人観光客の消費動向に比べて低調な動きをしている。その大きな原因とされるのは、国内旅行者の旅行動機や旅行形態が従来の団体、周遊型から個人、体験、滞在型へと急速に変化していることである。この変化に対して、国内観光コンテンツのイノベーションが大きく遅れているのである。内需中心で成長してきた日本の観光産業は、まさに大きな転換点を迎え、今後は従来の団体型内需中心の観光地づくりや受け入れ態勢から脱却し、外国人観光客も視野に入れながら日本の観光全体を再構築することが求められている。課題は、観光関連規制の緩和を推進し、観光産業を軸に地方への流動人口を拡大させることであり、ひいてはこれが地方創生の起爆剤になると考えている。

日本版DMOの構築

日本の地方は、人口減少が急速に進行することで地域経済がますます縮小する。こうした環境下では交流人口の拡大による地域活性化、すなわち観光振興による地域づくりが地方創生の重要な政策課題となってくる。ここで注目されているのは、欧米の観光先進国ではスタンダードであるDMOの日本版の立ち上げである。本件に関する詳細は本章論点1の溝尾論文にて詳しく論じられている。政府が唱える日本版DMOの概念は、地方創生に向けた「観光地（地域・観光資源）のマーケティングとプロモーション（ブランディング）を担い観光集客をはじめ、受け入れサービスの品質（安全管理、観光戦略の立案や事業計画のマネジメント機能を有する自律的に運営される組織」としている。[*1] 大きな課題でもある訪日外国人観光客の地方分散は、地方の観光地においてもこうしたDMOが機能し、訪日外国人観光客の受け入れコンテンツの新たな構築と人材の育成策を具体的に整備し地域の中で機能的に動き出せることが、地方への訪日外国人観光客分散の成功の可否を二分する重要な課題である。

宿泊施設の多様化

本件に関しては本章論点2の富川論文にて詳しく論じられているが、東京、大阪をはじめとする大都市圏におけるホテル不足の慢性化は2013年から2年間で2倍に拡大した訪日観光客が原因とされ、首都圏では従来は75%を確保できれば良好とされたホテル稼働率は90%を超える高稼働が続き、ビジネス旅客の宿泊客室の確保ができない状況が続いている。さらに2020年に向けてさらなる宿泊施設の不足が叫ばれているが、建設コストの高騰により想定需要に見合った客室数の確保は難しい見通しである。一方、海外においてはシェアリングエコノミーが活用されている。宿泊施設を貸し出す人と宿泊を希望する個人の取引を結ぶAirbnb社のウェブサイトではすでに世界192カ国3万3000の都市で80万以上の施設をシェアしている。

しかし日本では、30日未満の借家契約が旅館業法の規制下に置かれているため、帳場を設けるなどの旅館としての条件を満たさないと短期の借家を供給できず、シェアリングエコノミーの活用が許されていなかった。

この岩盤規制を打ち破るため、政府は、まずは「国家戦略特区」において、シェアリングエコノミー型の宿泊を旅館業法の規制から外して、30日未満の借家、すなわち民泊の経営を可能にした。国家戦略特区における民泊の先駆的な事例である東京都大田区と大阪府では独自の条例を制定し、2016年から合法化された自律的な民泊営業が開始された。主な条例の内容は、テロリストや犯罪につながる不法滞在の防止、騒音やゴミに関する近隣からの苦情対策等の措置を講じたものである。また、特区認定を行った行政側も、特区民泊を既存の地域経済活動に面で拡大する地域振興策を新たに打ち出している。例えば、特区民泊利用者等に無料銭湯券を配布して街なかでの回遊性を高める、さまざまなサービスを付加したクーポン券の発行や多言語マップの作成によって地元商店や飲食店での観光消費を拡大させる、といった地域経済への循環を促進させる取り組みが行われている。

また、富川論文でも指摘しているように訪日観光客誘致4000万人の高みを目指す政府は、民泊緩和策の第2弾として、旅館業法の「簡易宿所」扱いで民泊営業を認める普及策を打ち出し、2018年6月には住宅宿泊事業法（民泊新法）を施行して民泊の全国拡大を推進している。しかし、既存の旅館事業者や受け入れ自治体からは

＊1 （公社）日本観光振興協会観光地域づくりプラットフォーム推進機構「日本版DMOの概要」抜粋

反発が出ている。

観光が地方創生のけん引役となるために

以上、「2020年に向けての日本の観光戦略」について整理を行った。観光立国として2020年までに訪日外国人旅行者数4000万人を目指すことも大切ではあるが、しかしながら、数の確保だけが優先することがないように注意しなくてはならない。すなわち、「どこの国の」「どのような人に」「どのような目的で」、さらには「1回だけの訪日でいいのか」「何回もリピーターとして来日してほしいのか」といった論点を押さえる必要がある。そして、日本人の観光需要の復活を図るための具体的な政策も含め、観光産業の位置づけをしっかり議論し、「観光」が新たな地方創生と日本経済のけん引役となり、経済改革の大きな柱になるよう成長させていきたい。

〈参考文献〉

小沢吾亘・町田龍馬『中古アパート・マンションが生まれ変わる　ａｉｒｂｎｂ空室物件活用術』幻冬舎メディアコンサルティング、2015年

国土交通省「観光をめぐる現状と課題等について」(2015年11月9日　第1回「明日の日本を支える観光ビジョン構想会議」石井啓一国土交通大臣資料)

http://www.kantei.go.jp/jp/singi/kanko_vision/dai1/siryou7-1.pdf
首相官邸「明日の日本を支える観光ビジョン構想会議」（２０１５年11月９日）
http://www.kantei.go.jp/jp/97_abe/actions/201511/09kanko_vision_kaigi.html
富川久美子「日本における民泊規制緩和に向けた議論」本書第３章論点２、２０１８年
増田寛也『東京消滅：介護破綻と地方移住』中公新書、２０１５年
溝尾良隆「インバウンド観光を視野に入れたＤＭＯの構築、その方法と課題」本書第３章論点１、２０１８年
金子勇『「地方創生と消滅」の社会学』ミネルヴァ書房、２０１６年

論点1

インバウンド観光を視野に入れたＤＭＯの構築、その方法と課題

Creation of DMOs to Promote Inbound Tourism: Methods and Issues

立教大学名誉教授　溝尾良隆

日本版ＤＭＯ構築のための戦略

近年、インバウンド観光を地方創生の起爆剤にしようとする動きが高まっている。外国人の訪日観光客数も急増するなか、地域それぞれでの観光客の受け入れ態勢の整備も急務となっている。その一つが、ＤＭＯである。ＤＭＯとはDestination Marketing/Management Organizationの略称であり、地域が主体となって情報発信・プロモーション、効果的なマーケティング、戦略策定等について推進する観光振興組織のことである。

本稿では、地域がDMOを構築するにあたって有効な地域資源の評価の在り方を論じる。その上で地域がとるべきDMO戦略について、いくつかのポイントを提示したい。

分析の前提として、次の二つをまず指摘しておきたい。

第一は、地域（ここでは市町村レベルを想定）にとってインバウンド観光とは、外国人のみならず日本人を含む域外からの旅行者すべてであり、外国人旅行者は域外旅行者の一部だということである。第二は、現在、観光庁が音頭をとり構築を急いでいる「日本版DMO」は、まさに欧米で先行して実施されている「普遍的なDMO」であり、「日本特殊的なDMO」ではないということである。だからこそ、日本においても急いで取り込むべきなのである。

DMOの成否は地域自身が主体性を発揮して取り組めるかどうかにかかっている。本稿では、DMO戦略の枠組みを述べるので、個々の地域が、それを基にした地域独自のDMOを展開することを期待したい。

地域が有する資源の評価――「観光地」か「レクリエーション地」か「宿泊地」か

観光には、「見る・学ぶ」を目的にした狭義の観光と、「レクリエーション」と「宿泊」を含めた広義の観光がある。DMOを構築しようとする地域では、自らの資源を分析して、旅行の目的地として、これらのうちのいずれであるか、あるいは複数のタイプの特徴を有するのかを明らかにする必要がある。そして、どこの地域から誘客できるのか、その地域の人たちの嗜好、行動特性を熟知した上で、旅行商品を策定するのが肝要である。

観光地であるか

「見る・学ぶ」を目的にした狭義の観光での行動は、基本的に何カ所かを訪れるという周遊型になる。

地域への誘客を図るには、まず域内の観光対象となる資源特性を把握する必要がある。特性とは、資源の種類と個々の資源が持つ誘致力である。資源の種類から、どのようなテーマ別の観光商品が作れるのかが問われる。文学、歴史、花など、その場所に行きたくなるようなテーマをいかに打ち出せるか、地域の知恵が試される。

また、個々の資源が持つ誘致力の強弱によって、外国、全国、地方、県内および隣接県のどの地域から誘客できるかが決定される。誘致力の強弱の評価方法は、当面、現在の国内観光資源との比較から判断する以外にない。[*1] 資源の誘致力が強いと、遠隔の地域から誘客できる。留意すべきは、客の移動距離と旅行コースの関係だ。発地から着地までの移動距離が長い人ほど、時間と経費を費やしている分、旅行日数は長くなり、旅行コースは広域になるのが一般的である。そのため、遠隔地からの旅行者に対しては、地域内や県内で完結するような旅行コースを提供してはいけない。観光庁が認定した「昇龍道」[*2]など、県を超えた7本の外国向け広域観光周遊ルートの移動距離をみれば理解できよう。

逆に、地域内の資源魅力が弱いか、あるいは季節ごとに変化する花やイベント・年中行事などは、1カ所だけが目的となるので、近接の市場に向けてタイムリーな情報を流すことが望まれる。

筆者らは、かつて東京都の商品と地域を、外国市場、全国市場、東京周辺・関東市場と、それぞれに分けて提案したことがある。県レベルではこうした方策がよいだろう。

レクリエーション地であるか

次に、広義の観光のうち、「レクリエーション」を考える。ゴルフやスキーをはじめとしたレクリエーションでは、目的地に滞在して活動に時間を費やし楽しむ。そのため、数カ所を移動することはなく、発地と着地間は単純往復になり、移動時間は短いことが望ましい。また、日本国内にはレクリエーションの対象地が多く代替性があるため、レクリエーション地は近傍にある人口の多い都市や地域の住民を対象にすべきである。韓国からゴルフやスキーを目的として日本にやってくる

＊1　誘致力の評価方法については、公益財団法人日本交通公社監修『美しき日本　旅の風光』2014年が参考になる。
＊2　「昇龍道」とは、中部北陸9県(愛知、岐阜、三重、静岡、長野、石川、富山、福井、滋賀)が一体となって外国人観光客誘致を推進するプロジェクトのこと。

旅行者が多いのは、その典型的な例である。遠隔地のオーストラリアから訪日するスキー客が多いのも同様である。こうしたスキー客は、オーストラリアでスキーがオフ期のときに、パウダースノーで雪質の良い日本のスキー場を楽しむためにわざわざやってくる。オーストラリアから日本に来るには時間と経費がかかるため、日本での滞在期間は長くなる。

宿泊地であるか

広義の観光のうち「宿泊」については、立地条件から3タイプがある。

Ⓐ観光地。観光地内、観光ルート上、あるいは近くに観光地があるタイプ

Ⓑ滞在を目的とするレクリエーション地にあるタイプ

Ⓒ宿泊目的だけのタイプ。この場合、旅行者は近距離地域からになる

宿泊の資源性としては、特に日本人を対象とする場合、温泉の存在が最大の魅力になる。それ以外では、風光明媚なところ、自然環境の良いところが宿泊地として選択される。来訪者の移動距離が大きくなると、宿泊施設の質と規模（個々の事業者、地域全体）が問われるが、一方で、昨今のゲストハウスの人気にみるように、1泊当たりの宿泊費を抑えて簡易宿泊施設に長期に宿泊する旅行者もいる。2018年6月に施行された民泊に関する法律（住宅宿泊事業法）も、この流れに沿ったものだが、各種の制約もあり、どのような方向をたどるか、予断はできない。

訪日外国人と一口に言うが、欧米とアジアの人たちでは嗜好が異なる。欧米でも、アメリカとフランス、ドイツの人々の間にはもともと関心事に相違があり、日本での訪問先や行動の選択対象も異なってくる。特に、最近話題となっているイスラムの来訪者を呼び込むためには、食事や宗教に対する理解が欠かせない。要するに、狙う市場ごとの情報提供、受け入れの戦略が必要になる。さらに、同国人でも日本への再訪率が高まるにつれ、訪問先や旅行行動、嗜好が変化してくることを念頭に置かなければならない。

強力なDMOを確立する

商品を作製したら、次に重要となるのが、どこにいかにして売り込むかという戦略である。通常は、旅行業者への売り込みをするわけだが、旅行業者にすべてを依存するのは危険だ。一般的に旅行業者は全国を対象としており、認知度の低い地域・観光資源は相手にされない。しかし旅行業者でも、目新しいテーマ、観光資源を熟知していないことがあるから、着地側から常に積極的に情報発信して発地側に気づかせ、商品化を促すのが重要である。もちろん現在は、B2B（業者対業者）だけでなく、B2C（業者対消費者）が重要視されており、ソーシャル・ネットワーキング・システム（SNS）の時代である。スマートフォン、PCやその他の情報機器を使用して、関心のある人々へ新鮮な情報を直接発信し続けることも必要である。

誰が適切な情報の発信者になるかは、どの市場に売り込むかによって異なる。近距離市場なら市町村レベルで済むが、全国が対象市場となると県レベルが主導権を握ることになる。さらに海外を対象市場とするならば、九州のように、県レベルを超えた連携で海外市場に売り込んでいくことになる。海外では、日本の県や区の名前を言っても理解してもらえない。それはわれわれが逆の立場になれば理解できよう。観光客にとっては神奈川県よりも横浜、鎌倉、箱根であり、台東区よりも浅草、上野なのだ。知名度の高い地名を前面に出していくことが必要であり、そうしたことが可能なレベルが情報発信をすべきである。

以上が今日言われている、地域主導の着地型観光である。

地域内連携によるコミュニティー・ツーリズムの推進

実は、着地型観光は言われて久しいが、成功例が少ない。それが現実味を帯びるには、従来の観光協会を強化し、行政依存から脱却することが必至である。収益事業を見いだし、専門の職員を採用する。強化された観光協会と商工会・商工会議所、農業協同組合（農協）や漁業協同組合（漁協）など、地域のさまざまな団体が連携した上で、なによりも温かく旅行者を受け入れる住民の役割が重要になってくる。

観光協会の強化については、観光協会を社団法人化する動き[*3]は一歩前進ではあるが、それでもまだ行政依存型が多い。そのなかで、ニセコリゾート観光協会は、2003年に全国初の株式会社となった。独自に旅行業登録をして各種の収益事業を行うとともに、FMコミュニティー放送を開始したり、道の駅の受託事業に取り組んだりしている。また、県レベルの事例では、一般社団法人長崎県観光連盟が挙げられる。長崎県観光連盟は行政からほぼ完全に独立しており、内容によってその都度特定の旅行業者と組むという、行政では難しいことも可能になっている。ここの職員の数、予算規模も他県とは比較にならないほど充実している。さらに公益財団法人東京観光財団は、従来の観光連盟にコンベンション機能を新たに加えたことで、多面的な取り組みが可能になった。こうした組織上の問題以外に、米沢市、草津町、由布院温泉のように、事あるごとに行政と観光協会、商工会議所・商工会が膝を交えて話し合う姿勢を持つことも大事だろう。

発展途上国で展開されている「コミュニティー・(ベイスド)・ツーリズム」も参考になる。エコツーリズムに代表されるように、自らの資源を地域のガイドが説明し、土地のもので料理した飲食店、地域の人々が制作した土産物を売る店、地元資本の宿泊施設などで、旅行者を迎え入れる。こうすることによって、旅行者の消費の多くを地域内で賄う、地域の経済循環システムを作り上げるわけ

＊3　従来の観光協会は、県レベルのものは一般財団法人や社団法人であることも多いが、町村レベルのものは多くが任意団体であった。

だ。

ここまで完璧にしなくても、住民や関係団体が連携することは可能だ。観光産業はその地域の第1次産業や第2次産業、そして他の第3次産業からの原材料や商品の供給によって支えられていること、そして観光の経済効果は地域の広範囲に及んでいることを、住民や関係団体に理解してもらうのだ。観光産業の経済効果が大きくなれば、他の産業にもプラスの効果が働く。近年では、第1次産業自らが6次産業化に取り組んだり、第2次産業が製造過程を公開したり製品を販売したりしている。第1次産業や第2次産業が観光客（消費者）に直接結び付き、商品を販売することで、売れ筋商品の指向が可視化され、新たな経済効果も生み出される。地域における観光の意義を、住民や関係団体も理解しやすくなるだろう。

しかし、観光振興の目的は単なる経済効果だけではない。外国人を含む地域外からの旅行者たちが訪れることで、地域住民も異文化を理解するようになる。旅行者との交流で刺激し合い、地域の人々も成長発展するのである。

訪れた人が良い町と感じると、その地域の良さは次第に各地に知れ渡り、地域のブランド力がアップする。地域の知名度が上がれば、第1次産業や第2次産業の生産品も市場で売りやすくなる。地域の人々が、他地域に出かけると「いい町に住んでいますね」と言われるようになり、地域に誇りを持つようになる。まさに、住んで良い町、訪れて良い町になるのである。こうしたことが実現できるような組織こそが、地域が目指すべきＤＭＯの姿であろう。

〈参考文献〉

溝尾良隆編著『観光学全集　第１巻　観光学の基礎』原書房、２００９年
溝尾良隆『観光学と景観』古今書院、２０１１年
溝尾良隆『改訂新版　観光学　基本と実践』古今書院、２０１５年

論点2

日本における民泊規制緩和に向けた議論

TOWARDS THE RELAXATION OF REGULATIONS ON "MINPAKU" IN JAPAN

広島修道大学商学部教授　富川久美子

民泊の出現が迫る法規制の見直し

「民泊」は、文字どおり民家に泊まることであり、それ自体は違法ではない。しかし、現在問題視されているのは、旅館業法に抵触する可能性のある民泊である。借家契約は30日未満の場合、「旅館業」として都道府県知事などの許可を得る必要があるという旅館業法および借家法の運用がなされている。旅館業法による「旅館業」は、「ホテル営業」「旅館営業」「簡易宿所営業」「下宿営業」の4種別があり、民宿やウィークリーマンションは、通常、客室数や最短宿泊期間の規制がない「簡易宿所営業」である。この営業許可を得るためには、客室床面積が33平方メートル以上、燃えにくい素材の壁、玄関帳場の設置、火災報知器の設備など、安全面などでの厳しい基準を満たす必要がある。そのため、一般の民家が営業許可を得るには設備投資だけでも多額を要することになる。一般には、営業許可を取得した宿泊施設が「民宿」、取得していない施設が「民泊」として区別される。しかし、旅館業法および借家法の、時代にそぐわない運用は見直しが迫られている。

国によって異なる民泊への対応

民泊が毎日のようにマスコミで取り上げられ、民泊問題が広く認識されるようになったが、以前は民泊と言えば、地方の民家に滞在しながら農業や漁業などを体験する宿の一つとして捉えられることが多く、「農家民泊」が地域の観光振興の一環として推進されてきた。ところが、２０１５年春頃から民泊仲介サイトの広がりや民泊利用者の増加が顕著となり、また同年７月に東京で民泊していた中国人の女の子が転落死した痛ましい事故をきっかけに「民泊」に関する問題が急浮上した。２０１５年の民泊の広がりを仲介サイト最大手のＡｉｒｂｎｂに見ると、国内の登録物件数は２万１０００件（前年比３７４％増）になり、宿泊者は１００万人（前年比５３０％増）に上る。民泊の形態は、貸主の自宅にホームステイするようなタイプやマンションの一室を貸し切るタイプなどがある。観光客にとって、ホームステイ型は人々との交流や文化体験、また「自分だけ」の体験が期待でき、貸切型は家族やグループなどが連泊しやすい。特に日本では貸切型が多い。この理由として、日本には滞在型や自炊設備のある宿泊施設が少ないために需要があること、また貸す側にとっても空き家の有効利用のみならず、シェアルームやシェアハウスが一般的でないために貸切型であれば抵抗感が薄いことなどが考えられる。貸切型はホームステイ型よりも、騒音やコミュニティーのルール違反などの問題が起こりやすく、さらには犯罪の温床になりかねないとの懸念もある。

一方、欧米では、親戚や知人宅に泊まりながら旅行することは昔から広く行われていたが、2000年代中頃から「民泊」を紹介するサイトが広がり、さらにはネット上で直接予約ができるサイトも現れたことで、法的問題を含むさまざまな問題が浮上した。なかでも、2008年にアメリカで設立されたAirbnbの急速な普及を受けて、欧米の多くの都市がこれを想定した新しい条例の制定に着手するようになった。このように、日本とは異なり、「民泊」の問題やその対策に関して欧米にはすでに蓄積がある。

これまでの経緯から、日本の農家民泊と欧米の民泊の規制緩和の事例は、日本における民泊の規制緩和を考える上で参考となる。

農村における民泊推進の取り組みは、1996年以来現在まで国内外から多くの観光客を受け入れている大分県の安心院町が始めとされる。安心院町では、食事付きで民泊ができることから、客が増えるにつれ、旅館業法と食品衛生法に抵触するおそれが指摘されるようになった。当時、農林水産省では、都市の人々が農山漁村に滞在しながら余暇活動をするグリーンツーリズムを政策的に推進し、その核となる農林漁業の体験民宿の登録を促進していた。しかし、一般の漁家や農家が民宿としての営業許可を得るにはハードルが高く、法律が新規参入を阻んでいた。結局、安心院町の実績と民宿登録の課題などが考慮され、2002年以降、床面積の基準緩和など、グリーンツーリズムのための規制緩和が進んだ。ちなみに安心院町の民宿は、「農泊」あるいは「民泊」と称され、旅館業法の営業許可を取得しても「民泊」と称するところもある。

次に、欧米の事例として、ここでは特に民泊の貸主に対する規制を挙げる。イタリアのローマでは民泊を認めず、宿泊業としての登録を必要としているが、欧米の多くの自治体では許可や届け出によって民泊を可能にしている。しかし、ドイツのベルリンでは、許認可制としながらも禁止する地区が多く、法令違反と指摘された物件も多い。アメリカのニューヨークでは集合住宅の30日未満の賃貸を禁止する。その反対に、許可を不要とする自治体もあり、その条件として、イギリスのロンドンでは年間90日以内、オランダのアムステルダムでは年間60日以内で一度に4人まで、フランスのパリでは貸主が8カ月以上居住する住居とする。また、これらのような規定に加え、観光税や宿泊税、所得税などの納税を課す自治体が多い。

以上のように、日本では、地域や業態を限定したなかで民泊の規制緩和をした事例がある。また欧米では、自治体や地区によって、一定の条件を設け、期間や規模を制限することで、住宅地やコミュニティーの侵害、既存の宿泊施設への影響を抑える方策がとられている。これらの事例が現在の民泊の規制緩和に向けた議論に生かされている。

日本の規制緩和――旅館業法と借家法の妥協案

政府は、特定の地域において規制緩和を推進しており、民泊に関しては2015年10月に旅館業法の特例として、30日未満でも借家契約として住宅の提供を認めた。この特例はホテルや旅館の経営に配慮しており、原則として訪日客向けに7日以上の滞在とし、さらに周辺への迷惑防止などに関しても特段の措置が講じられている。国内に滞在する外国人旅行者の過半数が6日以内であるため、その実効性が疑問視されてもいるが、これを受けて、ホテル不足が深刻な東京都大田区と大阪府が民泊を認める条例を制定した。この国家戦略特区とは別に、厚生労働省と国土交通省による「民泊サービスのあり方に関する検討会」が2015年11月以降、13回にわたって開催され、その「最終報告書」が2016年6月20日提出された。この間、検討会によって民泊が旅館業法の「簡易宿所」に位置づけられ、貸主が許可を取りやすくするために床面積などの基準が緩和された（2016年4月1日施行）。今後も「最終報告書」を受けて、仲介事業者への規制や旅館業法の改正も進むことが予想される。ところで、国家戦略特区も同検討会も基本的には規制緩和による民泊の普及を指向するなかで、前者が旅館業法の特例として認められるのに対し、後者は同法の適用内であることを基本とし、その矛盾も指摘されている。これは、国家戦略特区が借家法を前提として「民泊」を捉えているためであり、現在の政府の方針が借家法と旅館業法の二つの法律間での妥協策であると言える。いずれにしても、両者は特定の地域か全国を視野としているかで対象範囲がまったく異なる。

国内観光と国際観光の両方の促進

民泊の規制緩和は、深刻化するホテル不足と外国人の受け入れ態勢整備の一環として議論が進められてきた。しかし、全国の客室稼働率（2016年）は、ホテルが7割前後であるが、旅館は4割程度、簡易宿所は3割にも満たない。旅館・簡易宿所の客室稼働率は東京都でも6割前後、大阪府では5割前後でしかない。また、全国の宿泊者に外国人が占める割合は1割程度でしかなく、東京都の場合、宿泊者の7割が観光以外を目的としている。つまり、ホテル不足は主に大都市圏に限られ、特にビジネス客にとっては深刻であるが、小規模な宿泊施設には余裕があり、さらに地方の宿泊施設では宿泊者数の低迷も課題となっている。このため、大都市で宿泊できない団体客が地方の宿泊施設を利用することで地方創生の契機にもなっている。

今後、民泊の規制緩和に取り組む上で考慮すべき点として2点挙げる。一つは、地域独自の条例制定である。「民泊」を取り巻く状況は地域によって異なり、これを促進する国家戦略特区ではホテル不足が深刻であるが、違法な民泊の指導を強化する温泉地では多くの旅館を抱えるなかで観光客数の低迷が課題となっている。民泊の在り方は国が提示するにしても、各自治体は国の指針を受け身で待つのではなく、民泊を活用した地域振興のために独自の条例制定に取り組むことが重要である。もう一つは、国内市場の重視である。訪日観光客のための民泊の解禁は、日本の観光振興を促進する上で有効ではあるが、変化しやすいインバウンド市場に依存する観光振興策には危うさも伴う。日本が目指す観光立国は、国際観光と国内観光の双方を促進しなければ実現しない。低迷する国内観光の促進にも、地方創生の一環としても、国民が利用する民泊の普及が望まれる。

〈参考文献〉

観光庁宿泊旅行統計調査（平成28年・年間値（確定値））

観光庁「民泊サービス」のあり方に関する検討会
　http://www.mlit.go.jp/kankocho/page06_000093.html

観光庁『「民泊サービス」の制度設計のあり方について（「民泊サービス」のあり方に関する検討会最終報告書）』平成28年6月20日
　http://www.mlit.go.jp/common/001135805.pdf

東京圏国家戦略特別区域会議「東京都　都市再生分科会（第8回）議事要旨」（平成28年1月25日開催）、2016年
　https://www.kantei.go.jp/jp/singi/tiiki/kokusentoc/tokyoken/tokyotoshisaisei/dai8/gijiyoushi.pdf

「民泊は許可制、基準緩和」朝日新聞2016年1月13日

「「民泊」解禁、政府内に溝」日本経済新聞2016年1月13日

（2016年9月9日執筆・一部修正）

コラム

ヨーロッパ先進事例からみる日本の民泊業の課題

２０１８年６月15日施行の住宅宿泊事業法（民泊新法）により、１８０日を上限に民泊営業が可能となった。この新法は、都道府県や政令指定都市などが独自に地区や営業日数を制限できることから、民泊を地域の実情に合わせて促進できる。国家戦略特区ではこれ以前から最低宿泊数が６泊から２泊に緩和されている。改正旅館業法も新法に合わせて同日施行となり、小規模宿泊施設の開業が容易になった。これで健全な民泊の全国展開に向けた法整備が整った。ところが、民泊新法に「上乗せ規制」を行う自治体が全国で３分の１を占めるとみられ、事実上、民泊営業が不可能な地域も少なくない。また、条例による規制強化がない地域でも民泊の登録件数は予想をはるかに下回っている。

日本の課題を、ヨーロッパの先進事例から考察してみよう。前述のベルリンでは、ほぼ全面禁止の民泊が、２０１８年５月１日から一転して制限が撤廃された。ただし、民泊は自宅のみ、別荘等は営業日数を制限、違反した際の罰金は５倍に引き上げられた。違法民泊の増加による妥協策である。比較的民泊に寛容であったスペインでは、マヨルカ島パルマで２０１８年７月から民泊がほぼ全面禁止となり、バレンシアでは居住者の眺望に配慮して民泊は地上２階までとされた。その他、違法営業の取り締まりを強化する都市が増えている。これらの都市に共通しているのは、「増え過ぎた観光客」問題がある。ある観光地の落書き「観光客は出て行け、難民は歓迎」に象徴されるように、住民は観光客による生活環境の悪化を訴え、民泊経営者も外国人客より長期滞在の国内客を好む。日本では、インバウンド誘致策が強化され、その一環として民泊推進が図られているが、地域の政策を国がけん制するのではなく、地域の違いを尊重する姿勢や、長期滞在が増えつつある国内市場に目を向けることも必要ではないか。

（2018年6月11日執筆）

第Ⅱ部

行政改革

ADMINISTRATIVE REFORMS

PUBLIC SERVICE SECTORS FOR THE ELDERLY

第4章 高齢化への対応策

総　括

地方創生と医療・介護の自治体負担

LOCAL GOVERNMENT FINANCING OF HEALTH INSURANCE AND REGIONAL REVITALIZATION ——FACILITATING MIGRATION OF THE ELDERLY

論　点　1

リスク構造調整による新しい制度設計

DESIGNING NEW SYSTEMS THROUGH RISK ADJUSTMENT

論　点　2

医療、介護と地方財政

HEALTH CARE, LONG-TERM CARE, AND LOCAL PUBLIC FINANCES: INTERGOVERNMENTAL FINANCING OF SOCIAL INSURANCE PROGRAMS

論　点　3

自治体の高齢者受け入れを有利にする財政制度

PUBLIC FINANCE SYSTEM THAT REMOVES REGIONAL AREA'S DISINCENTIVES TO ACCEPT THE ELDERLY

総　括

地方創生と医療・介護の自治体負担

LOCAL GOVERNMENT FINANCING OF HEALTH INSURANCE AND REGIONAL REVITALIZATION —— FACILITATING MIGRATION OF THE ELDERLY

学習院大学経済学部教授　鈴木亘

地方にもメリットが大きいはずの高齢者の地方移住

東京一極集中を是正し、「自治体の消滅可能性」が指摘される地方の人口減少に歯止めをかけようという「地方創生策」は、安倍政権の経済政策の重要な柱の一つである。現在、地方自治体への新たな交付金創設、東京から地方に本社機能を移転した企業への税優遇、政府機関の地方移転等が検討・着手されつつあるが、それらの中で最も効果的、かつ現実的な対策が地方への「高齢者の移住促進」である。

現在、都市部に住んでいる高齢者に、まだ元気なうちに地方に移住してもらい、直接的に地方の人口減少に歯止めをかけると同時に、彼らが近い将来、利用する医療や介護の需要によって、地方の若者たちの雇用も間接的に維持・創出しようという施策である。これは、地方と都市の双方にとってメリットのあるWin-Winの施策である。

まず、地方にとってのメリットは明白である。地方の農林水産業や製造業が衰退していくなか、それに代わって、これまで地方の若者たちの雇用を支えてきたものは、医療や介護などの「高齢者向けサービス産業」であった。しかし、もはや地方の中には高齢者人口が減少に転じたり、近い将来減少することが予想される地域が多く、せっかく維持してきた医療・介護人材や各施設が不要になりつつある。地方の高齢者人口減少に伴って、「最後の砦」と言うべき医療・介護人材、特に女性たちが都市部に流出し、少子化が加速して地方自治体が消滅する可能性が高い。こう警鐘を鳴らしたのが、2014年、日本創成会議から発表され、社会に衝撃を与えた「増田レポート」（日本創成会議、2014）であった。高齢者の移住促進は、その流れに歯止めをかけることにつながる。

一方、都市部にも大きなメリットがある。東京や大阪などの都市部では、すでに介護施設に入所できない「待機老人問題」が社会問題化しているが、今後、都市部において急速に進む高齢化によって、ますます問題が深刻化することが予想される。地価の高い東京や大阪などの都市部で必要な数の介護施設を新設するとすれば、膨大な公費が費やされることになるだろう。しかし、移住促進によって、地方で空きが出てくる介護施設を利用したり、コストの安い地方での施設整備を進めることができれば、国全体では大きな財政節約となる。もちろん、望まない高齢者にまで移住を勧める必要はない。しかし、地方出身者が多い団塊の世代の高齢者にとって、医療・介護環境が整備されている地方への「里帰り移住」は十分に魅力的な選択肢であり、ちょっとした政策的後押しで人の流れが変わる可能性は十分にある。

地方の負担が増す現状

こうしたなか、地方への高齢者移住の最大のネックは、八田（2015）、鈴木（2015）が指摘している医療・介護の自治体負担の問題である。都市部から地方へ高齢者が移住した場合、彼らは地方自治体の国民健康保険や介護保険に加入することになる。しかし、日本の高齢者の保険料負担はわずかであり、彼らの医療費・介護費の方が大幅に上回っているから、高齢者の地方移住によって地方自治体の負担が増え、住民の保険料が上昇してしまう。これでは、地方にとって、都市部から移住してくる高齢者は「お荷物」であり、受け入れに消極的になるのも無理はない。しかも、本章論点2の林論文が指摘するように、自治体は、介護施設の新設を許可しないことを通じて、高齢者の移住を抑制することができる。

しかし、日本全体でみれば高齢者に対する負担は本来変わらないはずである。なぜ、地方の負担が増すのかと言えば、それは高齢者の移住によって都市部の負担が軽くなるからである。つまり、この問題の本質は、現行の国民健康保険や介護保険が「地域保険」として作られているためにポータビリティーがなく、高齢者の移住によって都市部から地方への「負担の押し付け」が起こってしまうということにある。

この問題の部分的解決策として現在設けられている制度が、「住所地特例」である。これは、地方に移住して介護保険施設等に入居した高齢者については、医療保険や介護保険の医療費・介護費を移住元の自治体（例えば東京の区）が負担する制度である。ただしこの制度は、地方の「施設」に入居した高齢者にだけ適用される。一般住居に移住した人には適用されないため極めて限定的である。

現在、安倍政権が進める国家戦略特区の場で、徳島県、高知県、秋田県等が「住所地特例」を一般住居に移住した高齢者にも条件付きで拡大することを提案している。しかしながら、「地域保険の原則になじまない」として厚生労働省が猛抵抗しており、「岩盤規制」として現在、議論がとん挫してしまっている。

一石四鳥の改革案――リスク構造調整

ところが実は、①「地域保険」の枠組みを維持しながら、②高齢者移住の妨げにもならず、③国民健康保険や介護保険における自治体間の負担格差を改善し、④小規模自治体の財政安定が達成されるという「一石四鳥」の魔法の抜本改革案がある。これは要するに、年齢別に全国平均の1人当たり医療費・介護費を計算し、自治体ごとに加入者の年齢構成に応じて、国がその「標準的費用」（年齢別平均費用×年齢別人数）を各自治体に支払う仕組みである。これならば、高齢者がどこへ移動しようとも、各自治体には追加財政負担が発生しないから、地方は高齢者の流入を歓迎することになるだろう。保険料や税金は、全国単位の医療費・介護費総額を賄うだけの料率を計算し、所得や年齢に応じて徴収する全国一律の仕組みとすれば公平である。一方、自治体が医療機関のチェックや健康増進活動を怠るなどして、標準的費用を上回る医療費・介護費が実際にかかるのであれば、その分はその自治体の追加負担となり、その地域の保険料だけが高くなる。

この改革案は、最初に岩本（1996）が医療保険の財政問題を解決する方策として提案したもので、さらに八田（1996）が、効率的な移住を阻害する要因を介護保険によって取り除く手段として提案している。

本章論点3の八田論文では、この改革案をより明確に説明するため、標準的費用、すなわち都道府県ごとの「モデル給付額」を算出している。それによると、64歳以下の住民が1人増えたときには、国民健康保険の年間給付額が平均12万5000円増え、

65歳以上の高齢者が1人増えたときには、55万6000円増えることを示している。

この改革案は、本章論点1の岩本論文にあるように、自治体間の「リスク構造調整」である。ただし、小規模自治体では、大数の法則が十分に効かないため、上記のリスク構造調整が行われただけでは、林論文が指摘するように、小規模保険者としてのリスクを抱えるという問題は残る。この問題を解決するためには、小規模自治体に対する再保険のシステムを作ってリスク構造調整を補えばよい。

小規模対策のパッチワークの限界

もちろん、現状の地域保険の枠組みの中でも、小規模自治体の財政安定、自治体間の負担格差縮小を図ろうと、さまざまな財政調整や補助制度が作られている。しかし、これらは問題が起こるたびに追加されてきた例外措置や小規模対策の集合であり、現状ではとても複雑怪奇なパッチワークとなっている。根本的な設計思想の変更を伴っていないため、その効果も中途半端である。さらに大きな問題は、こうした財政調整・補助制度が、各自治体間の年齢や所得の違い以外の要素まで調整してしまうため、各自治体の保険財政運営に甘えが生じることである。経済学ではこれをソフトバジェット（soft budget）の問題と呼ぶ。2018年度からは、市町村から都道府県単位への広域保険化が実施されているが、これではかえってソフトバジェットの問題を助長する可能性がある。

これに対して、リスク構造調整方式であれば、運営主体は現状の自治体のままで、あたかも全国単位で保険を一元化したかのように年齢や所得の違いを調整でき、しかも各自治体の財政運営規律を緩めない。

急速な少子高齢化や人口減少は、地方における「地域保険」の存立基盤を揺るがしており、これまでの対症療法で対応し続けることが不可能なことは明らかである。その社会保障改革という文脈からも、今こそリスク構造調整による根本療法を実施する時期に来ている。ただ、これまでの厚生労働行政の延長では、既得権を持つ関係者間の調整を、しがらみのある厚生労働省が行うことは難しいだろう。担当官庁の枠組みを超えた「地方創生」という観点から、政治主導で全体最適となる総合調整を図る必要がある。逆に、地方創生策にとっても、単なる規制改革や地方への財政分配を超えて、社会保障改革に踏み込まねば、本当に実のある成果が挙げられないことを、肝に銘じるべきである。

〈参考文献〉

岩本康志「試案・医療保険制度一元化」『日本経済研究』第33号、1996年。119～142頁

岩本康志「リスク構造調整による新しい制度設計」本書第4章論点1、2018年
鈴木亘「社会保障改革の視点（上）『混合介護』で労働力確保を 特養の統治改革急げ 高齢者の地方移住を促進」日本経済新聞、2015年4月6日付朝刊『経済教室』、2015年
日本創成会議「ストップ少子化・地方元気戦略」2014年
八田達夫、1996年。岡本ほか「［討論］福祉と投資」における八田発言より。岡本祐三・八田達夫・一圓光彌・木村陽子『福祉は投資である』第7章、日本評論社、1996年。当該の八田発言は、172〜173頁
八田達夫「地方創生策を問う（下） 移住の障壁撤廃こそ先決」日本経済新聞、2015年2月6日向朝刊『経済教室』、2015年
八田達夫「自治体の高齢者受け入れを有利にする財政制度」本書第4章論点3、2018年
林正義「医療、介護と地方財政」本書第4章論点2、2018年

論点1

リスク構造調整による新しい制度設計

DESIGNING NEW SYSTEMS THROUGH RISK ADJUSTMENT

東京大学大学院経済学研究科教授（＊）　岩本康志

公的医療保険に潜む財政格差問題

日本の現役世代のための公的医療保険は、大企業労働者のための組合健康保険、中小企業労働者のための協会けんぽ、公務員のための共済組合、自営業者・無職者のための国民健康保険（国保）に分かれている。それぞれの財政は基本的には独立しているため、被保険者の所得水準の違いによって、財政状況に格差が生じている。組合健康保険、共済組合の財政状態は比較的安定しているが、協会けんぽは組合健康保険組合（健保）よりも厳しい状態にある。国保の財政状況はさらに厳しい。

公的健康保険の間の格差だけではなく、それぞれの制度内でも格差が存在する。国保では、都道府県内に最大で2・6倍の保険料の格差が存在する。組合健保のなかでも、被保険者の平均所得が低いと、一定の給付財源を得るには、保険料率を高くせざるを得ない。

ただし、現在の制度には、完全な独立採算制であれば生じたであろう格差を縮小するための財政的な調整制度が導入されている。例えば、国保では、国と地方の公費負担がある。地方負担では、給付費の9％が都道府県の負担（調整交付金）となるほか、高額医療費の再保険事業と低所得者の保険料軽減策に対しての都道府県や市町村の負担があり、合計で約1兆2800億円（2014年度決算）になる。さらに、市町村は約3800億円（2014年度決算）を一般会計から繰り入れて国保の赤字を補填した。

負担格差是正と財政改善を両立させる方策――リスク構造調整

しかし、そのような調整のもとでも、前述したように、保険料負担の格差は現存している。仮に、格差を完全になくすために完全な財政調整を行うと、保険者が医療費を節約する財政改善のインセ

＊　本稿執筆時の肩書

ンティブを阻害するから、部分的な財政調整しか行われていないためである。

　実は、財政改善のインセンティブを阻害しないで、保険料負担の格差を根本的に是正することは可能である。その例は、協会けんぽである。協会けんぽは全国の労働者とその扶養家族が加入する保険であるが、都道府県ごとの支部が運営の基本単位であり、保険料は都道府県ごとに違っている。その仕組みには「リスク構造調整」という考え方が組み込まれている。

　医療費は、（子どもを除くと）年齢とともに上昇していくため、医療保険の加入者に占める高齢者の比率が高いと、独立採算のもとでは保険料を高くしなければいけなくなる。また、被保険者の所得水準の都道府県格差があるため、仮に独立採算で運営されていれば、例えば沖縄県の保険料率は非常に高く、東京都の保険料率は非常に低くなる。

国保にも適用を拡大せよ

　そこで、まず、都道府県の医療費の違いを、①年齢構成の違いで説明できる部分と、②所得水準の違いで説明できる部分と、③それらでは説明できない部分に分ける。次に、①と②の要因では保険料率が異ならないように財政調整を行う。これが「リスク構造調整」である。その上で③の部分については、独立採算のように保険料率に反映されるような仕組みとしている。

　リスク構造調整は、保険者の経営努力を阻害しないまま、保険料率の格差を調整することを意図している。加入者の年齢構成や所得水準のような、保険者が選択することのできない原因によって生じる保険料格差は調整するが、それ以外の原因で生じる格差はそのまま残す。後者の原因については、保険者が保険料軽減のための努力をすれば、その成果は他の保険制度に漏出することなく、すべてその保険内で享受することができる。

筆者は、1996年に、リスク構造調整をすべての医療保険制度に導入することを提案した。この提案の実務的な利点は、保険料負担格差をなくすために、現行の多数の保険制度を合併することなく、移行費用が低く済むことである。制度間の財政調整制度を導入する必要があるが、全制度が関係する財政調整のための事務インフラとして前期高齢者にかかる財政調整制度が存在するので、そのシステムを改修して利用することで導入が可能である。

リスク構造調整は、一度に、日本の公的医療保険制度の全体に導入しなくても、導入の範囲を、協会けんぽから次第に拡大していくこともできる。例えば、2015年に成立した医療保険制度改革関連法のもとで、2018年度からリスク構造調整が導入されることになった。国保ではこれまで、年齢に関するリスク調整は基本的に行われていなかった。このため、大きな保険料格差が存在している。しかも現在の国保の財政調整が給付実績をかなりの程度反映するものとなっているため、保険者が努力して医療費を節約するインセンティブが働いていない。

国保へのリスク構造調整の導入によって、保険料格差を縮小させ、かつ保険者の経営努力を引き出すことが期待されている。

〈参考文献〉

岩本康志「試案・医療保険制度一元化」『日本経済研究』第33号、1996年。119～142頁（八田達夫・八代尚宏編『社会保険改革』（シリーズ現代経済研究16）、日本経済新聞社、1998年に収録）

論点2

医療、介護と地方財政

HEALTH CARE, LONG-TERM CARE, AND LOCAL PUBLIC FINANCES: INTERGOVERNMENTAL FINANCING OF SOCIAL INSURANCE PROGRAMS

東京大学大学院経済学研究科教授　林正義

複雑な日本の医療・介護制度

日本の医療・介護制度においては、国がその制度設計を行っているものの、それ以外の面では地方が極めて重要な役割を果たしている。なかでも市町村は、国民健康保険制度（以下「市町村国保」もしくは「国保」と略）と介護保険制度を運営している。市町村は、介護保険において要介護認定を行い、さらに介護サービス事業者への規制を通じて介護サービスの供給を統制している。また医療分野では市町村は、国保に加え、同一都道府県内の他の市町村とともに広域連合を形成し、75歳以上の高齢者を対象とする後期高齢者医療制度を運営している（なお、2018年4月から国民保険制度が変更されている。この点については、本稿末のコラムにて解説している）。

本稿では、国民健康保険と介護保険を対象として、日本の医療・介護財政における地方の役割に関する解説を行い、さらにそれら制度が直面しているいくつかの課題について簡単に議論することとする。後者の諸課題の例として、以下では市町村間の水平的公平性の毀損、市町村内でのリスク・プールに関する問題、そして、社会サービスを制限する市町村のインセンティブを通じた非効率的な社会サービスの資源配分に関する問題について触れることにする。

公的医療保険給付の仕組み

日本の公的医療保険制度では、広い範囲の医療サービスや処方薬が保険適用の対象として認められており、それが全国同一のルールに従って全国民に対して給付される。例外はあるものの、自己負担の仕組みや医療サービスの対象範囲は、医療機関の種類（診療所か病院か、あるいは民営か公営かなど）に関わりなく同一となっている。また、患者は、医療機関を自由に選択することができる。これらは、処方薬についても同様である。医療費の自己負担率は3割であるが、一定の所得以下の高齢者には低い負担率が適用され、70～74歳では2割、75歳以上は1割である。また、高額医療費の自己負担額には上限が定められている。

図表4-1　日本の公的医療保険制度

種類			保険者（数）	加入者数
被用者保険	全国健康保険協会管掌（協会けんぽ）		全国健康保険協会（JHIA）（1）	3,717万人
	組合管掌		健康保険組合（1,405）	2,914万人
	船員保険		全国健康保険協会（1）	12万人
	共済組合	国家公務員	国家公務員共済組合（20）	877万人
		地方公務員	地方公務員共済組合（64）	
		私学教職員	日本私立学校復興・共済事業団（1）	
国民健康保険			市町村（1,716）	3,469万人
			国民健康保険組合（163）*	
後期高齢者医療制度			後期高齢者医療広域連合（47）	1,624万人

注：2016年3月末時点。
＊医師や弁護士などの専門家や自営業者は、市町村が運営する国保プログラムには加わらずに同業者で国民健康保険組合を組成する。なお、本稿で「国保」という場合は、国民健康保険組合を除いた市町村国民健康保険のことを指している。
出所：筆者作成。

医療機関が提供する医療サービスと処方薬への支払いは、通常、出来高払い方式に従い事後的に行われる。医療機関は国が定める医科診療報酬点数表に従い、患者から自己負担額を直接徴収し、保険者から残りの公的負担分の費用を受け取る。保険者の役目の一つは、この医療費の公的負担部分である保険給付の財源を調達することである。

多層な財政移転で支える国保

日本の公的医療保険制度においては、標準化された全国一律の基準のもとで複数の異なった公的医療保険が医療給付を行っている。図表4-1は、そのような公的保険を種類別にまとめたものである。市町村国保は被保険者の居住地を基礎とする市町村が保険者となっている。国保の被保険者は、当該市町村に居住する被用者保険に加入していない住民であり、典型的には、失業者、自営業者、農業従事者、中小企業の従業員の一部とその家族が含まれる。これら被保険者は自己が居住する市町村に保険料を支払うが、その保険料は国が設定する方式に従って算出される。算出式はいくつかの項目から構成され、世帯所得、世帯資産、世帯人員数などを基に算定される。しかし、この保険料の算定方式には十分な選択の幅が設けられており、現実には、各市町村は独自の保険料を設定することが可能となっている。

市町村国保における被保険者の約3割は65～74歳の高齢者（前期高齢者）である。この年齢層は、若い労働者より多くの医療サービスを必要とする一方で、所得が低い傾向にある。したがって、各市町村における高齢者の増加は市町村国保財政の圧迫につながる。例えば、低所得世帯は保険料が減免されることがあるため、高齢者が増えると保険料収納額の減少につながる一方で、健康でない人たちが増加するために医療需要が増加する懸念があるからだ。

このような不都合に対応できるように、市町村国保は以下のような幾層にもわたる財政移転によって支えられている。第一に、全国規模で財政調整を行う二つの仕組みが存在し、そこでは実質的に被用者保険から市町村国保へ実質的な財政移転が行われている。うち一つは、65～74歳の医療費に対応する前期高齢者交付金である。ほとんどの前期高齢者は退職後に国保に加入するため、この財政調整の仕組みのもとで市町村国保は純受取となっている。もう一つは療養給付費等交付金であり、前期高齢者交付金と同様に、65歳未満で退職し、被用者保険から国保に移った被保険者のための給付金を補助する交付金となっている。

第二に、都道府県単位の財政調整の仕組みとしての共同事業交付金である。これは市町村国保における保険料の平準化と財政の安定化を目的とする交付金である。国保医療給付費（前期高齢者交付金を除く）の59％を定率補助する共同事業交付金は、市町村による拠出金によって賄われている。この交付金は2種類あり、一つはレセプト1件当たり80万円以下の医療費を対象とする保険財政共同安定化事業である。当該事業への各市町村の拠出割合は、ある都道府県における各市町村の国保被保険者数のシェアと国保医療給付費（前期高齢者交付金を除いた額）のシェアの平均値（二つのシェアを合計して2で割った値）に定められている。もう一つは、残りの80万円を超える高額医療費を対象とする高額医療費共同事業であり、ここでの拠出額は給付対象分を各市町村の給付金額の割合で按分した額として算出される。

第三は、国と都道府県がそれぞれの一般会計から交付する国庫支出金と都道府県支出金である。国庫支出金には、療養給付費等負担金（国保給付総額の32％を負担）および高額医療費共同事業負担金（市町村による高額医療費共同事業への拠出額の25％相当を負担）が含まれる。さらに国は、国保の総給付額の9％にあたる資金を、市町村間の財政格差に対処するための調整交付金として交付している。一方、都道府県は、市町村による高額医療費共同事業への拠出金に対して、国と同率（25％）の負担をしており、さらに国と同様の調整交付金も交付する。後者の総額は、都道府県ごとに積算した保険給付総額の9％に相当する。

図表4-2　**被保険者1人当たりの国保の保険料と給付費の分布（2010年）**

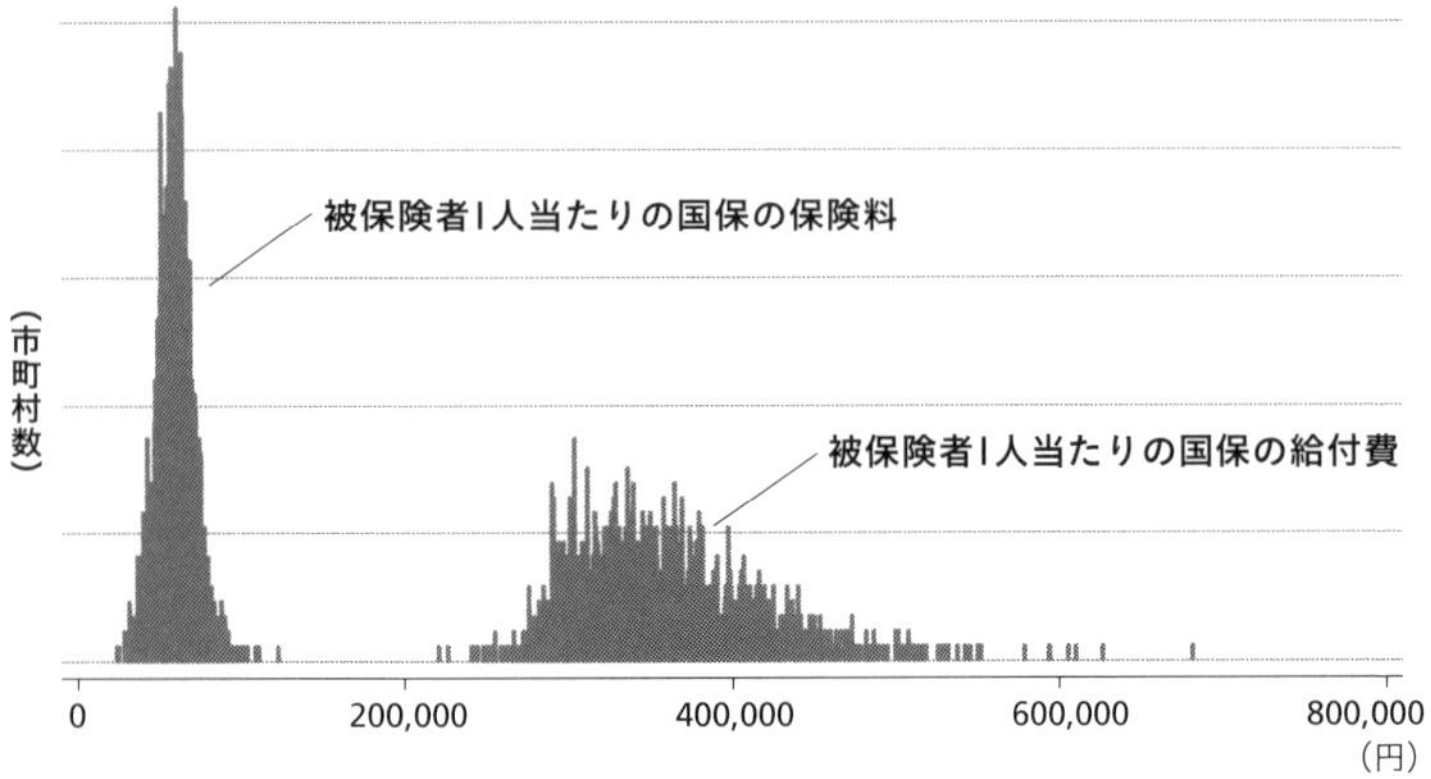

注：左側のヒストグラムは、被保険者1人当たりの国保の保険料の分布を示している。右側のヒストグラムは、被保険者1人当たりの給付費の分布を示している。
出所：厚生労働省『国民健康保険事業年報 平成24年度』より筆者作成。

最後に、市町村は自らの一般会計から国保特別会計に対して繰り入れも行っている。このような繰り入れは2種類ある。一つは国の法律で定められた法定繰入金であり、低所得者向けの保険料減免によって生じた歳入減に対応したり、市町村が制御不可能な特殊な事情に起因する給付の増加に対応したりするものである。もう一つは市町村の裁量に基づく法定外繰入金である。この法定外繰入れは、保険料を上げるなど他の財源確保ができないときに、事後的に赤字補填する機能を果たしていると考えられる。

財政格差と水平的公平性における妥協

図表4-2は、2010年における市町村ごとの被保険者1人当たりの保険料と給付費

の分布を示している。この図は、依然として市町村間に大きな財政格差が存在することを示しており、前述の財政移転システムをもってしても、医療ニーズが高い人々や低所得者が、市町村間で偏在することから生じる格差を、十分に調整できていないことを示している。北浦（2007）は、国民健康保険の保険者格差の実態を検討するため、特定の所得水準を有した夫婦を想定し、全市町村についてその保険料を計算している。大変な作業であったと思われるが、その北浦の計算によると、例えば、典型的な年収（約230万円）の高齢者夫婦の保険料は、居住する市町村が変わると最低6万円から最大40万円近くまで差があることになる。これは明らかに国保の保険者間の水平的公平性が損なわれていることを示している。

市町村国保のもう一つの問題は、個々の保険者の規模が小さいことである。言い換えれば、リスクをプールするには人口規模が小さすぎる市町村が多い。2010年時点では、市町村国保のおよそ半分は加入者数が7800人を切っており、さらにその4分の1は加入者数が3100人に達していない。このような小規模市町村では、しばしば国保給付費が突然急増してしまう場合が予想される。こうした給付費の急増は、保険料の引き上げか、市町村の一般会計からの事後的な繰り入れのいずれかによって補塡されることになるが、多くの場合、市町村は保険料の引き上げは好まないため、赤字の補塡は法定外繰り入れの増加につながり、地方の一般会計に一層の制限を課すことになる。

こうした問題に対処するため国は、市町村国保を都道府県単位に統合しようとしている。すでに都道府県内の共同安定化事業では、2015年以前ではレセプト1件当たり30万円を超える医療費にのみ適用されてきたが、現在ではすべての医療費へと適用範囲を広げている。さらに2018年からは、都道府県が市町村国保に直接関与するようになり、都道府県が国保の給付費用を市町村に割り当てることになる。新しく導入されるこの制度では、各市町村が決められた金額を都道府県に拠出し、それが都道府県内の国保給付の財源となるため、確かに現在の国保における費用の格差を和らげ、毎年の給付の変動幅を軽減させるかもしれない。しかし、それでも都道府県同士の格差を解消する助けにはならず、また、市町村は自分たちに割り当てられた給付費用を基に自分自身の保険料を決定することになるため保険料設定の水平的公平性の問題に効果的に対処することにはならない。

介護保険の給付の仕組み

介護保険は、65歳以上の高齢者（第1号被保険者）および40〜64歳の人々（第2号被保険者）を対象としている。介護保険の給付を受けるためには、居住する市町村による要介護認定が必要となる。要介護度区分は7段階に分かれており、要介護度に応じて、軽度の2段階（要支援1と要支援2）、そして1から5までの5段階（最も重度が要介護5）となっている。要介護認定を受けた介護保険加入者は、介護費用の10%を自己負担し（すなわち費用の90%は介護保険が給付）、自分が選んだ事業者から介護サービスを「購入」することができる。給付は、要介護度が重度になるにつれ高くなる要介護度別の利用限度額まで適用される。なお、第2号被保険者に対する給付は、加齢に起因するいくつかの特定疾病に制限されている。また、要支援1もしくは要支援2に認定された被保険者は施設サービスの給付対象とはならない。要介護に認定された人は、希望すれば、全額自己負担で追加サービスを受けることができる。

介護保険の財源確保

介護保険は、基本的に国保と同様、居住地を基礎とした制度であり、市町村が保険者となっている。市町村が、保険料、調整交付金、国や都道府県からの財政移転（国庫負担金と都道府県負担金）、市町村内の法定繰入金（市町村負担金）を財源に、介護保険特別会計を通じて給付のための資金を調達することになっている。65歳以上の居住者は、第1号被保険者として保険料を市町村に払う。保険料は「調整率×保険料基準額」と算定され、この調整率は高所得者ほど高くなるように設定されている。つまり、保険料は累進的である。この調整率は国が定めるが、保険料基準額は市町村が設定する。保険料基準額を設定する際には、市町村は3年を1期（事業運営期間と呼ばれる）として、介護保険の給付額と保険料以外の収入額を予測する。そして市町村は、第1号被保険者の保険料収入によって3年間の収支がバランスするように保険料基準額を設定する。

各市町村が徴収する保険料は介護保険給付を賄うには十分ではないため、市町村国保と同様に、市町村の介護保険を財政的に支援する多層的な財政移転が整備されている。第一に、40～64歳の第2号被保険者が支払う介護保険料を全国でプールし、各市町村の介護保険に配分する仕組みがある。ここからの交付金は社会保険診療報酬支払基金交付金と呼ばれ、介護保険給付の28%を賄っている。この交付金は、他よりも第2号被保険者の割合が小さく、介護保険給付が大きい市町村に有利に働くため、財政の平衡化装置として機能している。

第二は、都道府県単位で実施されている二つの共同事業である。一つは相互財政安定化事業であり、市町村の介護保険収入の格差を均し、かつ、その変動を小さくすることを目的とする。もう一つは財政安定化基金である。市町村はこの財政安定化基金に自らの拠出金を提供し、都道府県はその拠出金を、県と国からの負担金と合わせてプールする。そして都道府県はこのプールされた資金を基に、財政安定化基金を交付したり、予想外の保険料収納低下に見舞われた市町村に貸し付けを行ったりすることで、市町村の介護保険財政を支援する仕組みになっている。

第三は、国と都道府県がそれぞれの一般会計から支出する補助金である。国の補助金には、居宅介護サービス給付の20%（施設介護サービス給付の15%）を負担する介護給付費負担金および介護保険給付費総額の5%にあたる国庫負担総額を配分する調整交付金が含まれる。後者の目的は、75歳以上の高齢者の割合（介護ニーズ）および65歳以上の高齢者の平均所得（保険料のベース）を考慮した上で、市町村間で第1号被保険者の保険料を平衡化することである。他方、都道府県は、都道府

図表4-3　被保険者1人当たりの介護保険の保険料と給付額の分布（2010年）

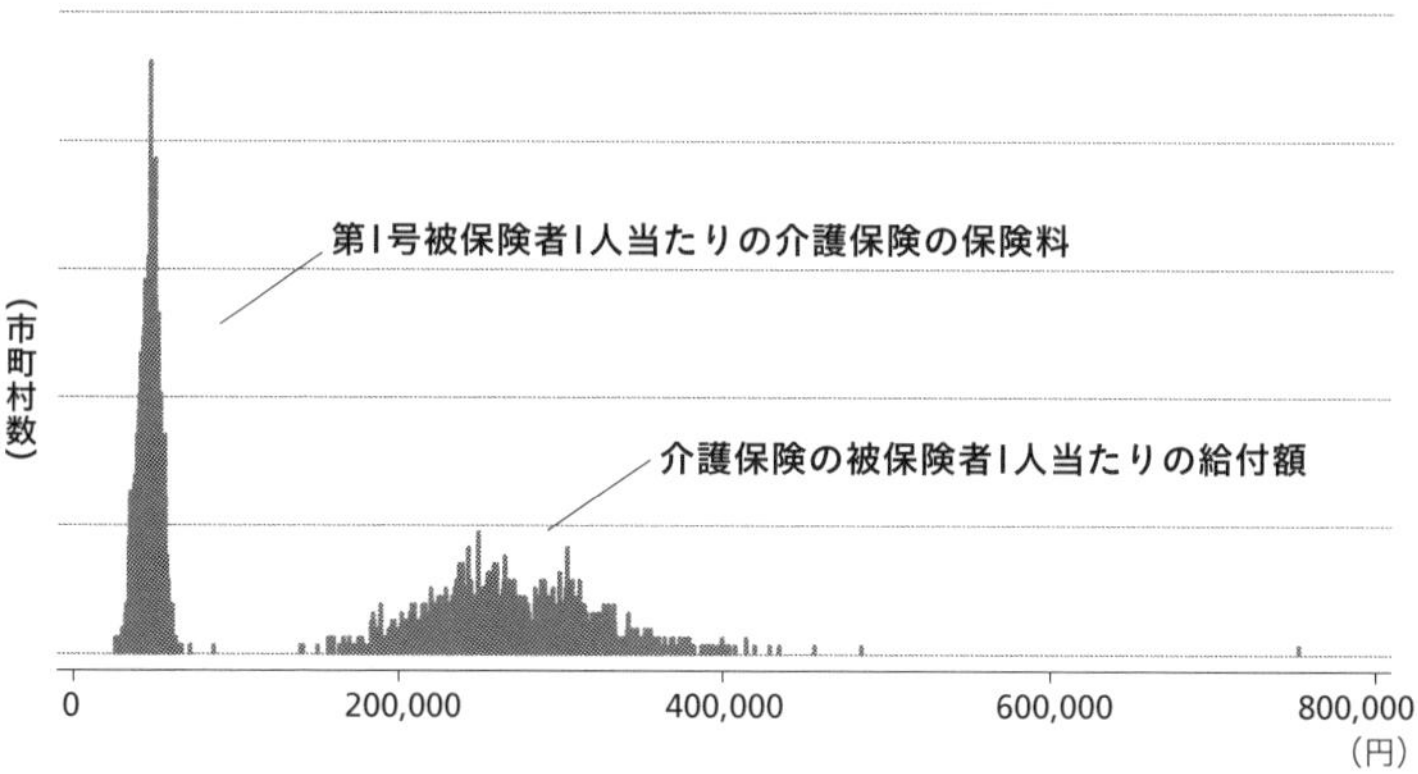

注：左側のヒストグラムは、第1号被保険者1人当たりの介護保険の保険料の分布を示している。右側のヒストグラムは、介護保険の被保険者1人当たり給付額の分布を示している。
出所：厚生労働省『平成22年度 国民健康保険事業状況報告（年報）』より筆者作成。

県負担金を通じて、居宅介護サービス給付の12・5％（施設介護サービス給付の17・5％）をカバーする。

最後に、残りの12・5％の給付は、市町村の一般会計から介護保険特別会計への繰入金である。ただし、介護保険制度では国民健康保険の場合とは異なり、市町村が介護保険特別会計の赤字を埋めるために事後的に繰り入れを行うことは許されていないことに留意すべきである。

財政格差の存在と介護保険給付を制限する市町村のインセンティブ

図表4-3は、介護保険加入者1人当たりの保険料と給付額の分布を示している。先に述べた各種の財政移転にもかかわらず、同図

の保険料および給付額は市町村によって大きく異なっている。市町村国保と比べて格差の幅は小さいものの、ここでもより病弱であったり、低所得であったりする高齢者の地域偏在を反映している結果になっている。これはまた、市町村国保と同様、介護保険でも水平的公平性が損なわれていることを意味している。

介護保険のもう一つの問題は、市町村に対して介護保険給付を抑制するようなインセンティブが存在することである。前述したような介護保険における予算策定を考えれば、市町村は自己の介護保険給付が増加すると、前述の財政移転が当該給付費の増加を相殺できない程度に応じて、自己負担（第1号被保険者保険料＋自治体内財政移転）分を増やさなければならなくなる。Hayashi（2012）によれば、実際、財政移転が給付の増加を相殺する効果は、全市町村を平均すると非常に大きいのだが、それは人口規模の小さな市町村や自己負担の割合が大きな市町村（図表4-4のグラフの右側の裾野に位置する市町村）においては必ずしも当てはまる問題ではないだろう。このように介護給付の増加が自己負担の増大につながる場合、次に示すような二つの望ましくない効果を生む可能性がある。

一つは、市町村が介護サービスへの需要を抑制する可能性である。市町村は、意図的に要介護度を低く認定することによって、施設介護サービスの供給を抑制しようとするかもしれない。Hayashi and Kazama（2008）はこれを傍証するように、財政状況が厳しい市町村ほど要介護認定を却下する傾向があることを示している。もう一つは、市町村が介護保険給付を抑制する可能性である。

図表4-4　市町村の介護保険プログラムの費用比率分布（2010年）

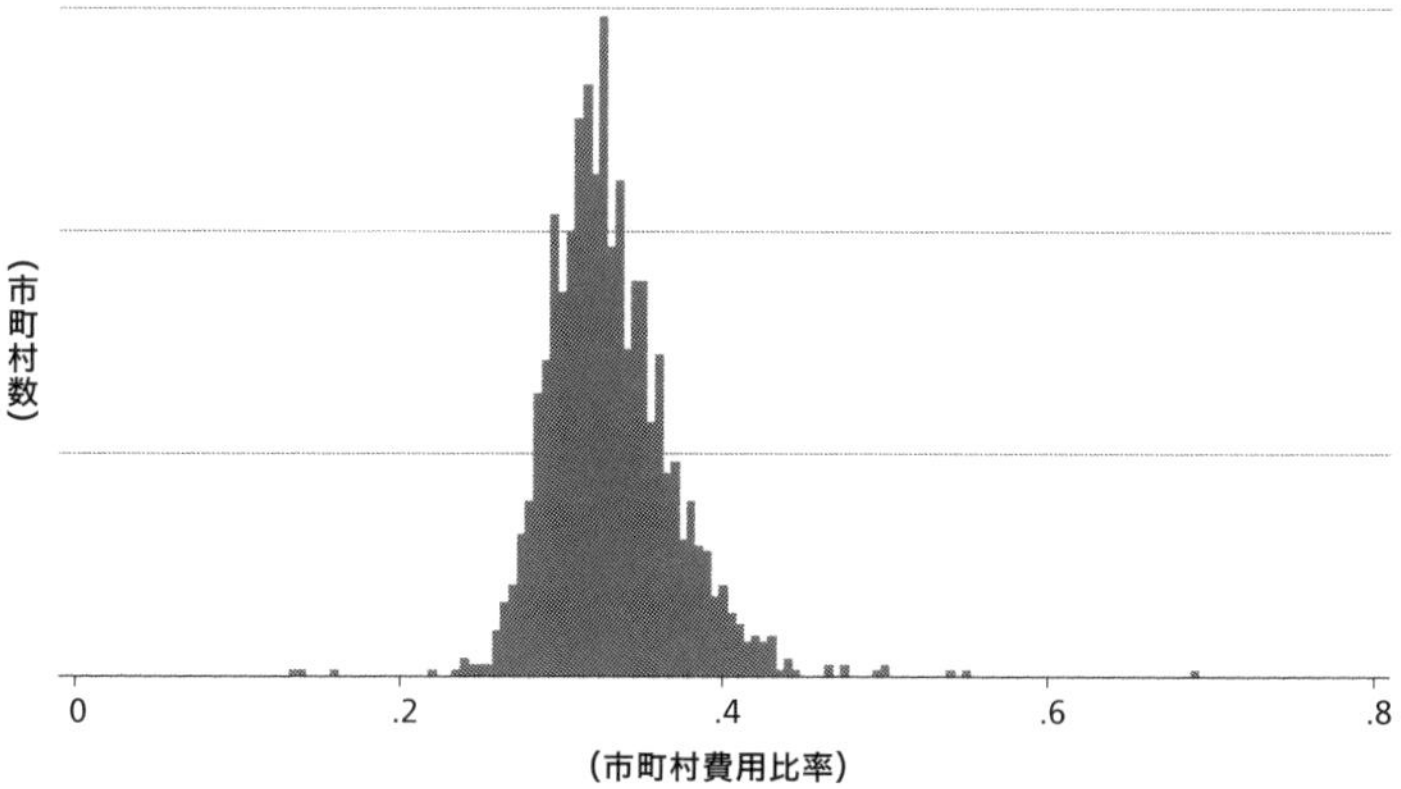

注：市町村費用比率 ＝（第1号被保険者保険料+自治体内財政移転）÷介護保険給付費
出所：厚生労働省『平成22年度 国民健康保険事業状況報告（年報）』より筆者作成。

介護サービス事業者には民営、公営の両者が存在するが、民営の介護サービス事業者が単一市町村内で活動する場合、当該市町村からの認可が必要となる。また、市町村が自ら施設介護サービスを提供する場合もある。したがって、国保の場合とは異なり、市町村は施設介護サービスの供給を容易に抑制できる。八田（2015）も、こうしたインセンティブの問題に焦点を当て、市町村が高齢者の流入を抑制するために介護施設の設置を制限する傾向があることを指摘している。特に非都市部における小規模市町村においては、高齢者人口が増加すれば、市町村国保と介護保険の双方において自己負担が増加すると考えられるからである。しかし、八田によれば、そのような市町村は一方で、地価が安いことから施設介護サービスの供給において比較優位を持っているため、それが効率的な資源配分の失敗につながっているという。さらに、八田が指摘しているように、そうした市町村は、高齢者の流入を抑制しなければ増加したであろう施設介護サービスが誘発する地域雇用促進の機会を逸してしまっているのかもしれない。

市町村国保と介護保険の制度設計の複雑さ、そして高齢化の時代における地方財政に対するそれらの重要性を考えると、この二つの社会保険制度の課題と展望を詳細に説明するにはここでの紙面があまりにも限られている。さらに残念なことに、これらのトピックに関して包括的な概説を行っている単一の論考も見当たらない。とはいえ、介護保険制度についてはOlivares-Tirado and Tamiya（２０１４）が、日本の地方財政についてはMochida（２００８）が、それぞれが有用な情報を提供してくれているのでここで言及しておく。

〈参考文献〉

Olivares-Tirado, R., Tamiya, N., Trends and Factors in Japan's Long-Term Care Insurance System. Springer, 2014.
Mochida, N., Fiscal Decentralization and Local Public Finance in Japan. Routledge, 2008.
八田達夫「地方創生策を問う（下）移住の障壁撤廃こそ先決」『経済教室』日本経済新聞、２０１５年２月６日付朝刊、２０１５年
Hayashi, M., Channels of Stabilization in a System of Local Public Health Insurance: The Case of the National Health Insurance in Japan. CIRJE-F-847, Faculty of Economics, University of Tokyo, 2012.
Hayashi, M., Kazama, H., Horizontal equity or gatekeeping? Fiscal effects on eligibility assessments for long-term

care insurance programs in Japan. *Asia Pacific Journal of Accounting and Economics* **15**(3); 2008: 257–276.
北浦義朗「国民健康保険料(税)の水平的不平等性」KISER Discussion Paper Series No.8' 2007年

(以上は、Hayashi, M., 'Health Care, Long-term Care, and Local Public Finances: Intergovernmental Financing of Social Insurance Programs', in Hatta, Economic Challenges Facing Japan's Regional Area, Palgrave Pivot, 2018をNIRA総合研究開発機構の文責で翻訳したものです。)

コラム

国民健康保険の都道府県単位化について

2018年4月から市町村に代わって都道府県が国民健康保険財政を運営している。それに伴い、図表4-5のように都道府県から市町村への財政移転や都道府県内の共同事業が変更されている。特に新しい仕組みは特別高額医療費共同事業であり、これにより、以前は都道府県内でプールされていた高額医療費が、レセプト1件420万円超に限り全国でプールされるようになっている。

市町村は、引き続き、保険料の徴収、被保険者の資格管理、保険料の減免、保健事業など、被保険者に直接的に関わる事務を行っているが、保険料設定に関しては以下のような変更がなされてい

図表4-5　国民健康保険財政における都道府県関連項目の変更

旧制度(2017年度)	新制度(2018年度以降)	注
都道府県調整交付金	都道府県繰入金	都道府県の一般会計から市町村国保へ移転されていた公費を都道府県の国保特別会計へと移転先を変更したもの
高額医療費共同事業(レセプト1件80万円超)	特別高額医療費共同事業(レセプト1件420万円超)	著しく高額な医療費(レセプト1件420万円超)について都道府県からの拠出金を財源に全国で費用負担を調整。国は予算の範囲内で一部を負担
	高額医療費負担金(レセプト1件80万円超420万円以下)	以前は都道府県内の市町村国保の共同事業に対する負担金としてレセプト1件80万円超の医療費の25%を公費負担していたところ、レセプト1件80万円超420万円以下について25%を都道府県一般会計から都道府県国保特別会計へ繰り出し(都道府県公費負担)
保険財政共同安定化事業(レセプト1件80万円以下)	廃止	都道府県単位化により都道府県内で保険料がプールされることになるため実質的に存続

出所:筆者作成。

る。まず、都道府県は市町村に対し、「標準保険料率」を提示するとともに、国保の財政運営に必要な金額を「国民健康保険事業費納付金」として割り当てる。そして、市町村は「標準保険料率」を参考にしながら、都道府県に納付する割当額を調達できるよう保険料を設定する。したがって、都道府県単位化後であっても市町村ごとに異なる保険料は存続しており、今後も市町村間の保険料格差に留意する必要がある。

さらに、各都道府県に「健康保険財政安定化基金」が設置された。これによって、例えば、市町村が徴収した保険料が割り当てられた納付金額に満たない場合、市町村は部分的に借り入れが可能となった。同様に都道府県も、予期せぬ給付費の増加によって収入が足りなくなった場合、同基金を取り崩す形で借り入れが可能となっている（この場合、返済部分は後年度の納付金の割当額に上乗せされる）。この基金は介護保険における財政安定化基金と類似的な機能を有しており、旧制度によって常態化していた一般会計からの事後的な赤字補填（法定外繰り入れ）の防止が意図されている。

今回の都道府県単位化は、先に言及した財政安定化だけではなく、医療費の「適正」化もその目的としている。都道府県は医療計画を策定し、病床規制を中心にして医療サービス供給を統制する役割も有している。また、後期高齢者医療制度は都道府県単位で運営されている。したがって、今回、国民健康保険財政の運営主体となった都道府県は、医療需要と医療供給の双方をみることによって、以前よりも効果的に地域医療政策を展開できるようになったと考えてもよい。

この点から興味深いのは、今回導入された「保険者努力支援制度」である。医療費抑制や保険料増収を目的とする事業を支援するこの制度では、地方による重症化予防の取組、保険料収納率向上、特定健診・特定保健指導の受診、後発医薬品の使用割合、重複服薬防止の取組等が指標化され、それらに応じて年間総額約700億～800億円の資金が都道府県と市町村に配分される。この配分は2016年度から前倒しで行われていたが、同年度の実際の配分額には被保険者1人当たり380円（秋田県）～591円（新潟県）と大きな差が存在している。

論点3

自治体の高齢者受け入れを有利にする財政制度

Public Finance System that Removes Regional Area's Disincentives to Accept the Elderly

アジア成長研究所理事長　八田達夫

高齢者医療に関する国と自治体の役割分担

本稿では、日本における高齢者への社会保険のための財政支出に関して、国と地方自治体の間で、どのような役割分担を行う制度改革をすべきかを分析する。

日本の現在の制度のもとでは、高齢住民は、住んでいる自治体に医療や介護などの高齢化対策費に関して多くの財政支出を余儀なくさせるが、税収はあまりもたらさない。高齢住民は、平均すれば、**自治体財政にとって**差し引き赤字をもたらす存在である。この状況では、高齢者が多くなると自治体の財政を圧迫するから、地方自治体が、十分な高齢者施設を老人福祉計画で用意するインセンティブを削いでいる。これは高齢者が、大都市から地方へ移住することを、難しくしている。*1

高齢者医療に関する国と自治体との役割分担に関しては、これまで多くの研究者が研究を行ってきた。岩本（1996、2018）、Hayashi（2012）、林（2018）、鈴木（2010）などである。さらに、八田（1996：172～173頁、2015a、2016a、2016b）と鈴木（2010、2018）は、高齢者医療に関して、「モデル給付額」を国が自治体に財源負担することによって、現在の制度が抱えている「自治体が高齢者流入を抑制するインセンティブ」を除去できることを示した。

ある自治体において、「モデル給付額」に基づく国による財源負担額が実績給付額を上回っていれば、その自治体は差額を自由に用いることができるため、高齢者が流入すればするほど**自治体財政も改善**する。これによって、高齢者の流入を抑制するインセンティブはなくなる。

本稿ではこの政策目的に資するために、国が財源負担すべき「モデル給付額」、およびこの改革の

*1　現在、国民健康保険給付は、都道府県単位に集約されつつある。これが完成したあとでも、都道府県による負担は残るので、高齢者流入の抑制要因は働き続ける。さらにこれは、国による出来高払いの補助に近く、都道府県に給付節約の動機をもたらさない。

実現を容易にするためにまず導入すべき「過渡的モデル給付額」を算出する。[*2] 結論を先に提示すると次のようになる。

第一に、国が自治体ごとの住民の属性に応じて財源負担すべき「モデル給付額」を算定する。分析は、64歳以下の住民が1人増えたときには、国民健康保険（国保）の年間給付額が平均12万5000円増え、65歳以上の高齢者が1人増えたときには、55万6000円増えることを示している。これが年齢層ごとの「モデル給付額」として、国が各都道府県に財源負担すべき金額である。その場合、高齢者の増加に伴って国から都道府県への1人当たりの給付が増えるため、都道府県の高齢者流入抑制インセンティブが消滅する。

しかしこの「モデル給付額」に基づいて、国が各都道府県への財源負担をした場合、自治体によっては、現行の給付額との差は、かなり大きなものとなる。現状の都道府県ごとの保険料支出は、割り当てられている病床数に大きく依存しているため、例えば佐賀県や長崎県、鹿児島県だと、1人当たり年間7万円を超える金額の補填を県自身がしなければならなくなる、これは自治体にとってかなりの負担であるから、導入当初には、何らかの過渡的措置が必要だと考えられる。

第二に、その調整過程で、自治体ごとに国が財源負担すべき「過渡的モデル給付額」を、都道府県ごとに割り当てられている病床数を考慮して算定する。これは、（受給者の属性のみに基づいた）最終的なモデル給付額を採用するまでの移行過程においてとりうるモデル給付額である。この過渡的モデル給付額が採用されると、各都道府県間で1人当たりの給付に格差が存続してしまうので、公平性の観点からは問題だが、高齢者の流入による、自治体の負担増を抑えるので、自治体が高齢者流入を抑制する動機は大幅に減少する。

地方が低コストで比較優位を持つ分野

地方経済はどの分野で成長できるのだろうか。

地方は、第1次産業および観光産業と並んで、高齢者産業（高齢者医療や介護サービス産業）の分野でも成長できる。

巨大都市に比べて、地方都市は地価が安いため、住宅・介護施設・医療施設などの高齢者施設を圧倒的安価で建設できる。住宅地の平均地価は、東京圏では1平方メートル当たり約19・5万円なのに対して、地方圏は約3・1万円だ。

日本で高齢者が地方に移住すれば、よりゆとりのある生活ができる。それだけでなく、日本の医療財政、介護財政で大きな節約を可能にする。したがって、国の観点からみても、地方は東京に比べて、高齢者の施設建設に関して明確な比較優位を持っている。しかも、高齢者の流入は、年金に

＊2　本稿の分析の詳細については、八田（2016b）を参照されたい。

基づいた支出を増やすなどの効果を通じて地域経済を潤わせる。

高齢者の受け入れに消極的な自治体

高齢者の多くが、住み慣れた大都会に住み続けたいと考えるのは自然である。しかし高齢者のなかには、郷里に戻りたい人もいるし、サラリーマン生活ではできなかった田舎暮らしをしてみたい人もいる。それなのに日本では、高齢者の地方還流は起こっていない。

日本で高齢者の地方還流が起こっていない根本的な理由は、本稿の冒頭で指摘したように、地方自治体が高齢者の受け入れ施設を造るのに消極的であることだ。

例えば介護施設は、それぞれの都道府県・政令指定都市・中核市等の高齢者施設整備計画に合わなければ新設を許可されないが、都道府県の施設計画は、域内市町村の計画の積み上げをもとに決まる。しかし、高齢者が増えると、介護施設の費用だけでなく、あとで医療費の自治体負担がかかる。地方の市町村は、そのことを危惧して消極的な施設整備計画案しか作らないのだ。

具体的に言うと、高齢者が地方に移住すると、地方自治体にとっては、社会保険——特に国民健康保険——の地元負担が増える。したがって本章論点2の林論文が指摘するように、自治体は介護施設の新設を許可しないことを通じて、高齢者の移住を抑制するインセンティブを持つようになる。

自治体に負担させる理由があるのか

この国保の制度を改革して、自治体に高齢者を積極的に受け入れるインセンティブを与えると、高齢者の還流が始まる。さらに、還流に成功した地方への若者流入も始まる。若者が流入した地方では、介護施設も効率的に運営できる。好循環が起こるのだ。

これは、フロリダやアリゾナの例を見れば明らかだ。「アメリカには公的医療保険がない」と言われるが、高齢者に関しては「メディケア」と呼ばれる公的医療保険制度が昔からある。メディケアは国の制度だから、フロリダやアリゾナは費用を負担しなくて済む。だからこれらの州は、ありとあらゆる手段を講じて高齢者を誘致する。その結果、お金持ちの高齢者が移住してくる。

日本がアメリカのような制度にしておらず、費用の一部を自治体に負担させているのには理由がある。「国が給付を全額負担すると、自治体が給付の節制を怠るようになる」という危惧があるためだ。自治体にも負担を求める現在の日本の制度では、自治体が予防活動をしたり国保制度乱費を慎んだりする強いインセンティブを与える。

たしかに、給付された金額のすべてを国が事後的に負担すると、自治体は給付削減のインセンティブを失う。しかし制度を工夫して設計すれば、このインセンティブをさらに強めることができる。

すなわち、給付された金額のすべてを国が事後的に負担するのではなくて、その自治体に住む国保加入者の特性に応じた、国保の「モデル給付額」（例えば、一人一人の年齢に応じた全国平均給付額）を、各自治体に対して国が財源負担するという仕組みにするのである。その際、患者に対する給付実績の総額が、国による財源負担額を超えたら、超過分は地元が負担しなければいけないが、反対に、予防活動等を行うことによって給付実績総額が国による財源負担額を下回れば、節約分は自治体の一般財政に組み込むことができる。こうすれば、予防活動による給付節約のインセンティブは結果的に強化される。

「国保のモデル給付額国庫負担制度」による財源の国負担

この国保改革案は次のとおりである。[*3]

第一に、現状の自治体ベースの制度は維持する。それによって、自治体が予防措置を取るインセンティブを与え続ける。[*4]

第二に、その自治体に住む国保加入者の特性に応じた国保の「モデル給付額」を、国が各自治体に財源負担する。すなわち、高齢者の国保財源は、基本的に国によって賄う。

第三に、地元の負担は、国からの財源負担額（これはモデル給付総額と等しい）と給付実績額との差とする。これはプラスの場合もあるし、マイナスの場合もある。

この仕組みでは自治体負担は平均的にはゼロとなる。ただし、例えば自治体が予防行政を怠ったために住民の年齢相当分以上に医療費がかかれば、差分は自治体が負担する。

この改革案を、「国保のモデル給付額国庫負担制度」と呼ぼう。この改革を行うと、給付の財源の負担者が自治体から国に変わるため、これまで高齢者が多い都市に相対的に重い負担をかけてきたことは是正される。しかし、日本全体での給付の総額は増えない。つまり、国保に関する全国民の負担の合計は増えない。

このように国保の地元市町村負担を除去すると、次のような効果がある。

① 高齢者が多い地方自治体の財政状況を直ちに改善する

② 高齢者が地方に移住してくると、それぞれの属性に応じた額の「モデル給付額」を、いわば持参してくる。したがって、高齢者の流入を自治体は歓迎する。このため自治体は新たな介護施設を公募するなどして、大都市からの退職者の地方誘致を始める

③ 高齢者が定期的に地方へ還流する

④ 結果的に、これは若者の地方への移住を促す

＊3　この改革案の原型は、八田（1996：172～173頁）および岩本（1996）で提案された。

＊4　現在は都道府県に集約しつつある。それでも、国が一括で担うのと比べて、給付削減のインセンティブは残る。しかし、できれば市町村に戻した方が、削減のインセンティブはさらに強まる。

「モデル給付額」の算定

いよいよモデル給付額の算定をしよう。ミクロレベルの数字を積み上げれば、国保加入者の各都道府県における給付額を求めることができるが、本稿では集計データを用いるため、国保加入者を、65歳以上の「高齢者」と65歳未満の「若者」*5に分けて、それぞれの給付額を推定する。ここで各都道府県の国保給付額をB、若者数をN^-、高齢者数をN^+で表そう。若者1人当たりの給付（B/N^-）を、高齢化率（N^+/N^-）で回帰すると、次の結果が得られる。

$$B/N^- = \underset{(3.226)}{125} + \underset{(8.309)}{556}N^+/N^- \qquad Adjusted\ R^2 = 0.602 \qquad (1)$$

高齢者の加入者数の相対比（N^+/N^-）が高まるにつれて、若者1人当たりの給付額（B/N^-）が高まる傾向にあることがわかる。

この式の両辺にN^-を乗ずると、

$$B = 125N^- + 556N^+ \qquad (2)$$

という式が得られる。これはすなわち、**若者が1人増えたときには、給付額が年間に12万**

5000円増え、高齢者が1人増えたときには、55万6000円増えることを示している。したがって この式は、高齢者の増加に伴って1人当たり給付が増え、ひいては国保に関するその都道府県の財政負担が増えることを示している。

さて、式(2)は、若者数および高齢者数に応じた国保給付額の増加を示している。これを各年齢層の「モデル給付額」として、国が各都道府県に財源負担するとしよう。

その場合、国によるこの財源負担額よりも小さな費用実績で賄っている都道府県は、差額を都道府県で自由に使えるようになるため、高齢者が流入すればするほど自治体財政も改善する。もともと高齢者の流入は、地域経済を潤わせるのだから、これによって、高齢者の流入を抑制するインセンティブはなくなる。

また、国による財源負担額と費用実績の大小にかかわらず、都道府県は、国による財源負担額に影響を与えられないから、都道府県には1人当たりの費用節約の動機ができる。現行の、自治体が財源の一部を負担するスキームと違って、資源配分に歪みが生じない。

しかし式(2)に基づいて、国が各都道府県への財源負担をした場合、県によっては、現行の給付額

＊5　65歳未満の加入者には学生も主婦も含まれるから、勤労者とは呼べない。一方で、60歳以上の人も含まれるから、通常の意味での若者でもない。しかし、65歳以上の高齢者に比べれば若いので、ここでは「若者」と呼ぶことにする。

とモデル給付額との差は、かなり大きなものとなる。例えば佐賀県や長崎県、鹿児島県にとっては、1人当たり年間7万円を超える金額の補填を県自身がしなければならない。これは自治体にとってかなりの負担であるから、何らかの過渡的措置が必要だと考えられる。

「過渡的モデル給付額」の算定

日本では現在、都道府県ごとに病床数が割り当てられている。1人当たりで見た病床の配分数は都道府県ごとに大きく異なり、65歳未満の国保加入者1人当たりの病床数の順に都道府県を並べてみると、最少の埼玉県と最多の高知県とでは、およそ3倍の差がある。

一方、住民1人当たり病床数の割り当てが多い地方では国保給付額が高い。いわば、供給が需要を作り出している傾向がある。このことが、年齢構成だけでは説明ができない大きな国保支出が行われている県があることを説明してくれる。

したがって、経過措置として病床数を考慮したモデル給付額を考えることが役立つ。若者1人当たりの給付B/N^-を、高齢化率（N^+/N^-）および1人当たり病床数（F/N^-）で回帰すると、次の結果が得られる。

$$B/N^- = \underset{(7.491)}{146} + \underset{(6.946)}{285}N^+/N^- + \underset{(11.523)}{1602}F/N^- \qquad \text{Adjusted } R^2 = 0.900$$

この式の決定係数はかなり良い。この式の両辺にNを乗ずると、次が得られる。

$$B = 146N^{-} + 285N^{+} + 1602F$$

すなわち、若者が1人増えたときには、当該都道府県の国保給付額は約15万円増え、高齢者が1人増えたときには、給付額が約29万円増える。一方で病床数が増えると、それだけで、給付額が一床当たり160万円増えることを示している。

このようにして得られた都道府県ごとの国保給付額の理論値は、現実の各都道府県における年齢構成と病床数の割り当てに対応した給付の理論値を示している。したがって、ここで算出した経過措置として病床数を考慮したモデル給付額を、「過渡的モデル給付額」と呼ぼう。

改革の当初は、現状の病床の配分を前提にした上での各都道府県の給付額の理論値――すなわち「過渡的モデル給付額」――を、国が各都道府県に財源負担するとしよう。

この場合も、都道府県は、国による財源負担額に影響を与えられないから、都道府県には1人当たりの費用節約の動機ができる。一方、国による財源負担額が実績給付額を上回っていれば、差額は各都道府県が自由に用いることができるから、高齢者が流入すればするほど、地域経済が潤うだけでなく、自治体財政も改善する。これによって、高齢者の流入を抑制するインセンティブはなくなる。

なお、高齢者への給付額は、本モデルで55・6万円であるのに対して、過渡的モデルでは29万円と大きく異なる。その理由は、高齢化率（N^{+}/N^{-}）と1人当たり病床数（F/N^{-}）が高い相関係数を持つからである。この結果、高齢化率（N^{+}/N^{-}）の高い都道府県では、大抵の場合、過渡的モデルを使ったとしても、実質的には、本モデルの給付額から大きく離れない額が給付される。一方で、高齢化率（N^{+}/N^{-}）が低いにもかかわらず、1人当たり病床数（F/N^{-}）が高いところでは、本モデルを用いると急激に給付額が減ってしまうが、過渡的モデルを用いると激変緩和措置がとられることになる。

移行過程

ただし過渡的モデルに基づく財源負担の下では、病床数が過度に割り当てられている都道府県では、その分国保給付額が多くなり、高齢者施設を潤沢に造ることができる。このため、高齢者の居住地選択が、恣意的な病床配置に依存してしまう。

したがって、地方ごとに異なる医療サービス需要への変化に対応できるように、地方の病床数の再配分をする必要がある。そのような再配分を政治的にスムーズに実現するためには、病床を多く配分されている自治体の既得権を補償することが役立つ。その一つの方法は、各自治体間で、それぞれに割り当てられている病床の権利の売買を許すことである。その一方で、各自治体に配分されている病床数を毎年均等に1割ずつ減らして、減らした分を入札で配分することが考えられる。[*6] そうすれば、10年で病床割り当てはなくなり、すべてが入札で配分されることになる。このように、医師の過剰地域から過疎地域に医師を再配分することによって、現在過剰地域で起こっている過大な医療費給付が正されることになろう。*7

むすび――自治体が高齢者を受け入れたくなる財政制度

高齢者の地方への流入は、国全体の観点からは土地の使い方としては最も有効だ。しかも、高齢者は年金を持参して移住してきてくれるのだから、地元の経済は潤う。にもかかわらず、それが実現されていないのは、高齢者の流入が自治体の財政に大きな負荷をかける制度となっているために、高齢者施設を充実させるインセンティブが自治体にないからだ。つまり、地元の自治体が高齢者の流入を嫌がるように国保の制度が仕組まれているわけだ。

これまで日本では、地方公共団体が提供するサービスのうち、基本的に国が負担すべきものにつ

*6　以下ではこれと同等のことを、権利所有者が国に毎年支払う権利賃貸料を1割ずつ引き上げることによって達成できる。

*7　移行過程における具体策については、八田(2016b)を参照。

いても地方へ負担を強いてきた。この結果、税金支払額の少ない高齢者や低所得者などの移住を自治体は敬遠してきた。国の制度は、高齢者や低所得者の人々を、彼らへのサービス提供に比較優位を持たない大都市に人為的に押し付けてきたのである。なかでも国保は、その効果を強力に有している。

しかし、住民ごとの属性に基づいて算定した国保の「モデル給付額」を国が都道府県に財源負担し、その財源負担額が実績値を超えた分は都道府県の裁量で自由に使えるようにすると、自治体に給付節約と高齢者流入促進の意欲を与える。

本稿では、それを可能にする「モデル給付額」として、加入者の年齢のみに基づいた最終的な額と、病床配分数を考慮した過渡的な額とを算出した。さらに、過渡的な額からいかにして最終的な額に到達するかを示す経過措置についても提案を行った。

このように、高齢者福祉に関する地方財政制度が改善され、自治体の高齢者に対する負担がなくなると、地方では高齢者施設を造ることが、年金を持って高齢者が移動することを促すことによって、一つの産業になる。結果的に、地方にとっての最も大きな比較優位である「安い地価」を利用して活性化を図ることができる。しかも、高齢者が大都市から地方に定常的に還流するとなると、若い人も地方に高齢者サービスの職を見つけて移住してくる可能性がある。

現在時点では、厚生労働省は国保を都道府県で統一管理することに一生懸命で、このような抜本的改革をするつもりはないように見える。しかし今の制度は悲鳴を上げている。同様の改革は、教育にも生活保護にも必要である。日本全体の成長戦略の観点から見て、この改革は地方創生に政府が関心を向けた今のタイミングで推し進めるべきだと言えよう。

謝辞

本稿の作成にあたっては、学習院大学の鈴木亘教授、東京大学の岩本康志教授・林正義教授から有益なコメントをいただいた。また、保科寛樹君の有能なリサーチ・アシスタンスに助けられた。これらの方々に深くお礼を申し上げたい。残存する過誤は筆者のものである。

〈参考文献〉

Hayashi, M. Channels of stabilization in a system of local public health insurance: the case of the National Health Insurancae in Japan. CIRJE-F-847, 2012.

Tsui, A.K.C., Chia, N.C. Medical Savings Accounts in Singapore: How Much is Adequate?, *J Health Econ* **24**(5): 2005: 855–875.

岡部陽二「機能していない病床規制の全廃を ~既得権益を保護する競争制限政策~」『金融財政Business』10392、2014年、12~17頁

岩本康志「試案・医療保険制度一元化」、『日本経済研究』第33号、1996年。119~142頁（八田達夫・八代尚宏編『社会保険改革』（シリーズ現代経済研究16）、日本経済新聞社、1998年に収録）

岩本康志「リスク構造調整による新しい制度設計」本書第4章論点1、2018年

川渕孝一『医療改革──痛みを感じない制度設計を』東洋経済新報社、2002年

厚生労働省「全国高齢者医療主管課（部）長及び国民健康保険主管課（部）長並びに後期高齢者医療広域連合事務局長会議 保険局国民健康保険課説明資料」2015年

国土交通省「平成28年都道府県地価調査」2016年

八田達夫、1996年。岡本ほか「[討論]福祉と投資」における八田発言より。岡本祐三・八田達夫・一圓光彌・木村陽子『福祉は投資である』第7章、日本評論社、1996年。当該の八田発言は、172～173頁

八田達夫「地方創生策を問う（下）移住の障壁撤廃こそ先決」『経済教室』日本経済新聞、2015年2月6日付朝刊、2015年a

八田達夫「「国土の均衡ある発展」論は日本の衰退招く」『全論点　人口急減と自治体消滅』時事通信社、2015年b、64～67頁

八田達夫「『国保の〝モデル給付額〟国庫負担制度』による地方創生」『医療経済研究』27(2)、2016年a、71～84頁

八田達夫「高齢化と地方財政」『東アジアへの視点』（AGI機関誌）、2016年12月号、2016年b（http://shiten.agi.or.jp/）

林正義「医療、介護と地方財政」本書第4章論点2、2018年

鈴木亘『社会保障の「不都合な真実」』日本経済新聞出版社、2010年

鈴木亘「地方創生と医療・介護の自治体負担」本書第4章総括、2018年

第5章

少子化対策

MEASURES TO ADDRESS JAPAN'S LOW BIRTHRATE

総　括

少子化対策と地方創生

MEASURES TO ADDRESS JAPAN'S LOW BIRTHRATE

論　点　1

都市構造と結婚——札幌および福岡大都市圏の比較

MARRIAGE AND CHILDCARE IN THE METROPOLITAN AREAS:
A COMPARISON OF SAPPORO CITY AND THE GREATER FUKUOKA AREA

論　点　2

保育と少子化対策——地方分権でどれだけ少子化対策が可能か

CHILDCARE AND MEASURES TARGETING JAPAN'S LOW BIRTHRATE:
WHAT EFFECT CAN THE DECENTRALIZATION OF AUTHORITY
HAVE ON THE BIRTHRATE?

総　括

少子化対策と地方創生

MEASURES TO ADDRESS JAPAN'S LOW BIRTHRATE

アジア成長研究所理事長　八田達夫

「増田レポート」の事実誤認

「出生率は地方によって異なるから、そのことを考慮した少子化対策が採用されるべきである」

この観点に基づく少子化対策としては、増田寛也氏（2014）の一極集中抑制による少子化対策が脚光を浴びた。しかし、この少子化対策は、事実誤認に基づいていることが指摘されてきた[*1]。

本章論点1では、このような事実誤認がもたらされた原因を中川が明らかにする。一方、本章論点2では、鈴木が地方ごとの出生率変動の観点から少子化対策としての地方財政制度改革の提案を行う。

まず増田（2014）は、東京では出生率が低く地方では高いから、地方から東京への若者の流出が日本全体の出生率を引き下げている。すなわち、一極集中が日本の人口減少の原因になっている、と論

図表5-1　政令指定都市および東京都の合計特殊出生率(2010年)(図表-3の再掲)

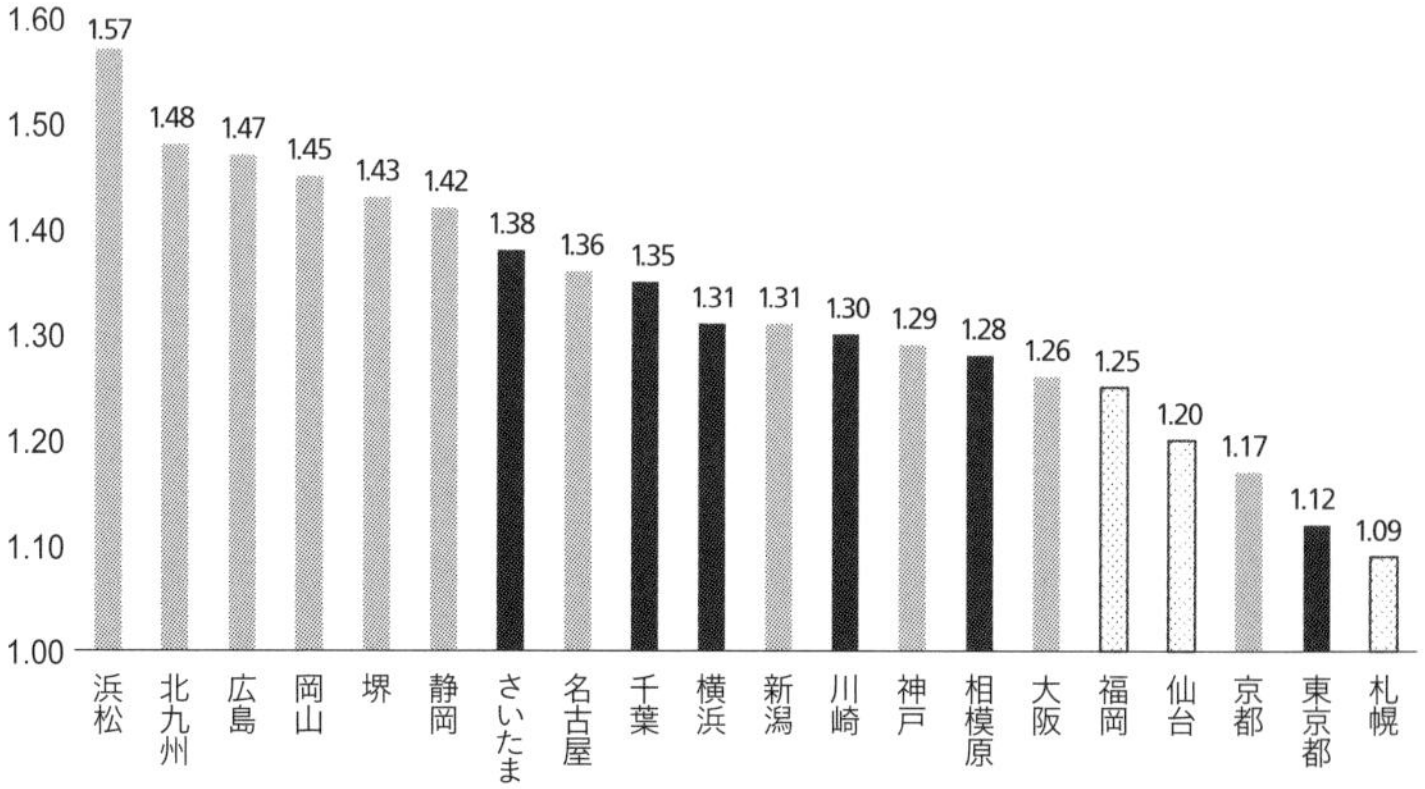

出所：厚生労働省『人口動態調査』2010年、総務省統計局『社会・人口統計体系』

じた[*2]。

東京都の出生率が低いのは事実である。しかし、東京圏への一極集中を止めることが日本の人口減少の歯止めになる、という指摘は正しくない。

政令指定都市および東京都の合計特殊出生率をグラフ化した図表5-1（図表-3の再掲）が示すとおり、たしかに東京の出生率は最低に近い。けれども実は、東京圏の大都市の出生率は、

*1　八田(2015a、2016)、中川(2015)

*2　増田（2014）34および45頁参照。

地方のいくつかの大都市に比べてかなり高い水準にある。すなわち、さいたま市・千葉市・横浜市・川崎市・相模原市の出生率は、地方中枢都市である福岡市・仙台市・札幌市を上回っている。

したがって、増田の主張は根本的な事実誤認に基づいている。

出産を機に郊外に転居する若者

では、東京都自体の出生率はなぜ低いのだろうか。八田（2015a、2016：73頁）および中川（2015）によれば、次のとおりである。

まず東京都には、地方から学生や新卒の女性が教育や職を求めて流入する。彼女らが結婚し、子育てを始める頃になると、より安い家賃を求めて、郊外の千葉や埼玉に移っていく。[*3] このため、東京都の出生率は低いまま保たれ、周辺都市の出生率は高くなる。一方、東京以外の大都市の多くは、郊外の大きな部分が市域に含まれているために、郊外の大部分が市域外にある東京都に比べて出生率が高くなっていると考えられる。

特に中川（2015）は、東京圏においても仙台都市圏においても、郊外では婚姻率が高く、都心では婚姻率が低いことをデータで示した。本章論点1の中川論文では、福岡市でも札幌市でも同様の現象が見られることを示した。したがって、東京で認められた傾向が、仙台・福岡・札幌で認められるわけである。[*4]

このように、中川論文は、増田論文がベースにした事実誤認である「東京の低出生率、地方の高出生率」の原因が、都心と郊外の婚姻率のギャップにあり、このことが他の都市圏にも当てはまる一般性を持つことを明らかにし、若者の地方移住が少子化対策にならないことを明確にしている。

共同負担をやめ、国が全額支給をすべき

次に、本章論点2の鈴木論文は、地方の財政制度を改善することによって、全国の出生率を引き上げられることを示している。[*5]

＊3　八田（2015a）は、東京都の出生率が低い一方、東京圏のベッドタウンの出生率が高いことを指摘した。中川（2015）は、データで、都心と郊外とで婚姻率が異なることを年齢ごとに示した。

＊4　ただし札幌は、かなり広域な都市圏であるにもかかわらず、出生率が低い。この原因はいまのところ不明であることが本章論点1の中川では示されている。

＊5　鈴木（2018）。本章論点2

鈴木論文によれば、金をかけて待機児童対策をした自治体には、周辺の他都市から「子育て難民」が流入し、かえって待機児童が増えてしまうという状況がある。ある市に保育児童が増えると、それによって発生する費用の増加分は保険料や国からの補助金増額では賄えず、市の保険費純支出が増大することから、対策が間に合わなくなるためだ。これが、大都市ほどいつまでたっても待機児童が減らないという状況をもたらしている。加えて、大都市の待機児童対策への意欲を削ぎ、全国の大都市における待機児童問題の解決を遅らせ、出生率の地域間格差を広げている。

この問題を克服する抜本策は、国が、各自治体に子育て支援の「モデル給付額」を支給し、自治体自体が子育て支援の財源負担をしなくても済む仕組みにすることである。すなわち、保育の標準的な必要額（モデル給付額）を、国が各自治体に対して全額支払う。こうすれば、標準的な子育て対策を行うことによる各自治体の負担はゼロとなるから、人口流入による追加的な子育て対策費用を、国からの支援の増加によって賄うことができ、過少供給を防ぐことができる。

鈴木論文はさらに、現在の国からの補助金算定額において、保育年齢の子どもの増加から2年たってからでないと給付額が増えない仕組みになっていることが、待機児童増に対する対策の遅れをもたらしていると指摘する。このことにより、人口成長率が高い都市であればあるほど、待機児童問題が深刻になっている。

この問題に対する適切な財政措置をとることによって、各自治体は、子育て難民の流入を恐れることなく、思う存分、施設を充実することができる。全体として、少子化対策に大きな効果がもたらされるであろう。

〈参考文献〉

鈴木亘「保育と少子化対策――地方分権でどれだけ少子化対策が可能か」本書第5章論点2、2018年
中川雅之「東京は『日本の結婚』に貢献―人口分散は過剰介入」、『老いる都市、『選べる老後』で備えを―地方創生と少子化、議論分けよ』(日本経済研究センター大都市研究会報告)、2015年7月、2015年、45～59頁
中川雅之「都市構造と結婚――札幌および福岡大都市圏の比較」第5章論点1、2018年
八田達夫「地方創生策を問う(下)移住の障壁撤廃こそ先決」『経済教室』、日本経済新聞、2015年2月6日付朝刊、2015年a
八田達夫「「国土の均衡ある発展」論は日本の衰退招く」『全論点　人口急減と自治体消滅』時事通信社、2015年b、64～67頁
八田達夫「『国保の〝モデル給付額〟国庫負担制度』による地方創生」『医療経済研究』第27巻2号、2016年、71～84頁
増田寛也編著『地方消滅』中央公論社、2014年

論点1

都市構造と結婚——札幌および福岡大都市圏の比較

MARRIAGE AND CHILDCARE IN THE METROPOLITAN AREAS: A COMPARISON OF SAPPORO CITY AND THE GREATER FUKUOKA AREA

日本大学経済学部教授　中川雅之

大都市圏単位で出生率を捉える

2014年に発表された日本創成会議のレポートでは、「出生率の低い東京への一極集中が、日本全体の出生率を低下させている、このため東京一極集中の是正が必要である」という議論が展開された。しかし、東京都の低出生率は、婚姻率の低さに起因している。中川（2015）においては、東京大都市圏の中心都市としての東京都は、男女の有効なマッチング市場として機能しており、成立したカップルは、生活費の安価な郊外都市としての周辺都道府県に転出するため、周辺3県も含めた大都市圏単位では、深刻な問題を引き起こしていないことが指摘された。[*1]

政令指定都市と東京都特別区の25〜49歳女性の未婚率の、全国平均との格差を見ると、大都市圏の中心都市とみなされる、ほとんどの都市において未婚率が高い。特に札幌市、東京都特別区、京都市、大阪市、福岡市などにおいて未婚率が7〜8％高くなっている。東京大都市圏、大阪大都市圏など、都道府県域を超えた大都市圏単位で考えた場合、その格差は大きく低下する。大都市圏の範囲が都道府県内にとどまる、札幌市、福岡市においても、大都市圏単位で眺めた場合に同様のことが言えるのだろうか。

札幌市と福岡市の低い婚姻率――大都市圏単位では違いが

全国の25〜49歳の女性の婚姻率（有配偶者数／総数）が、63・2％であるのに対して、札幌市55・6％、福岡市53・4％と低い。都道府県単位では、北海道59・8％、福岡県58・8％と双方とも全国の数値よりもやや低い。図表５-２および図表５-３は、札幌大都市圏[*2]と福岡大都市圏[*3]の中心都市

＊１　これに先立って、八田（２０１５）において同様の指摘が行われている。また中川（２０１５）においては、仙台大都市圏においても同様の傾向が当てはまることが指摘されている。

図表5-2　札幌大都市圏の婚姻率の北海道との格差

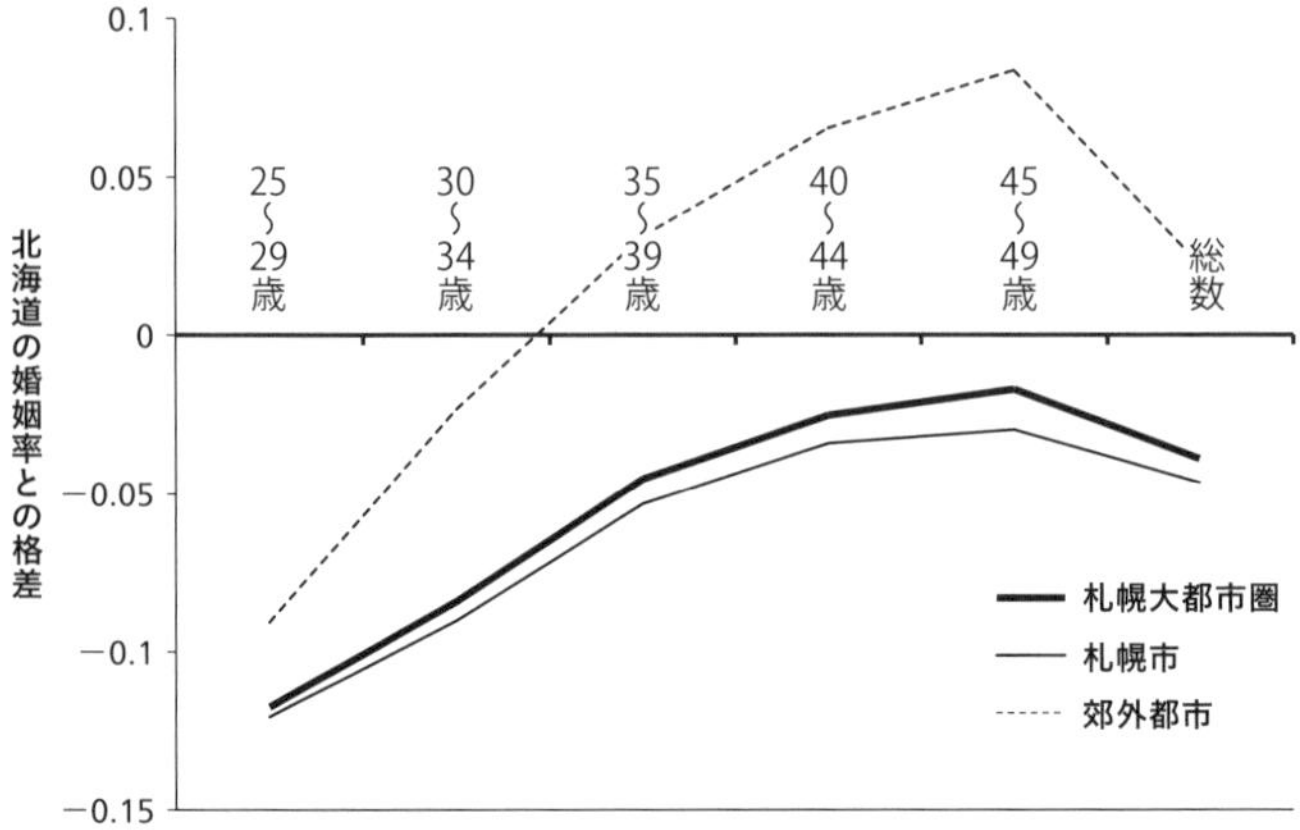

出所：総務省『平成22年国勢調査』より筆者作成。

図表5-3　福岡大都市圏の婚姻率の福岡県との格差

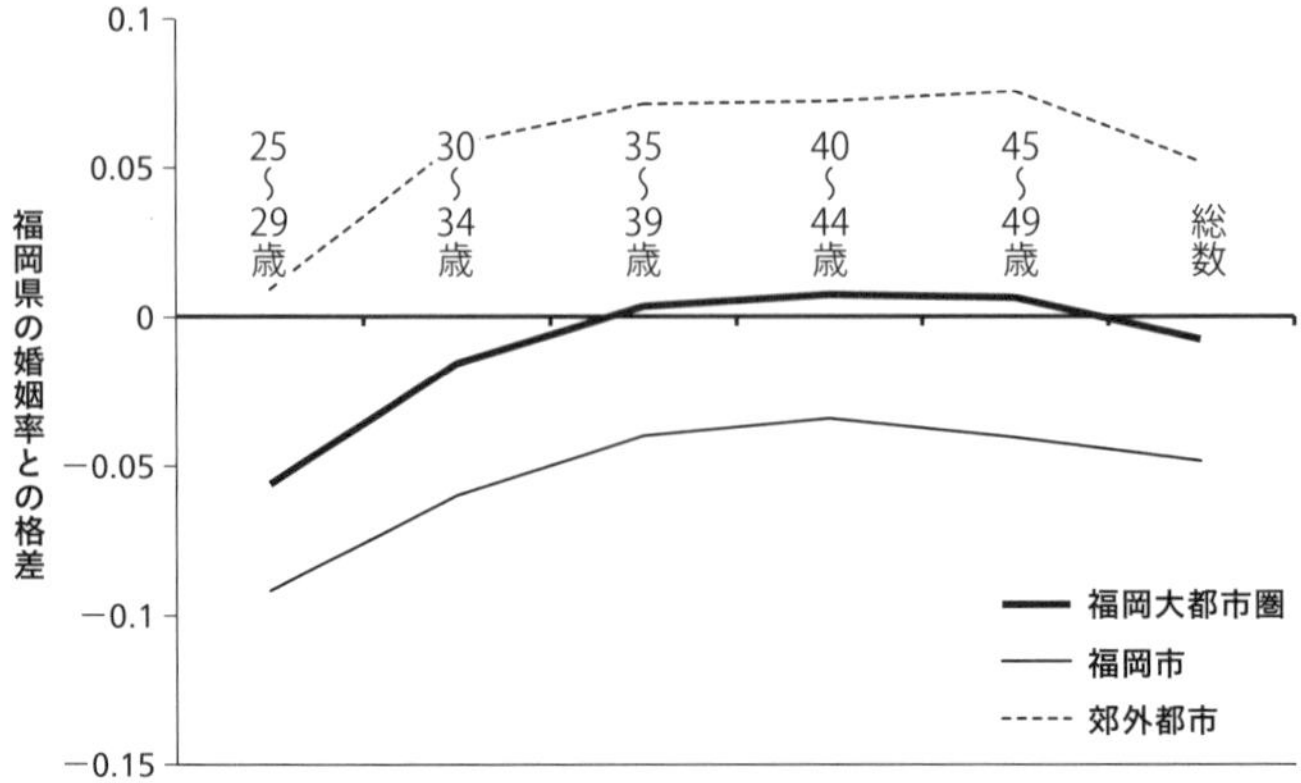

出所：総務省『平成22年国勢調査』より筆者作成。

と、郊外都市および大都市圏全体の婚姻率について、各都道府県平均との格差を見ている。

札幌市は、若い年齢では北海道の婚姻率よりも10％近く低く、すべての年齢階層で下回り続ける。郊外都市は、35歳以上において北海道の婚姻率を大きく上回るようになる。しかし、札幌大都市圏全体の婚姻率は、札幌市のそれとほぼ同様の動きを示し、北海道のそれを4％程度下回ることになる。福岡市が福岡県の婚姻率を若い年齢で10％程度下回り、すべての年齢階級で下回り続けること、および郊外都市が福岡県のそれを上回り続けることは、札幌大都市圏の場合と同様である。しかし、福岡大都市圏全体の婚姻率は、郊外都市のそれによって大きく引き上げられ、全体として福岡県のものとほぼ同様のものとなっている。

＊２　東京大学空間情報科学研究センター（http://www.csis.u-tokyo.ac.jp/UEA/）の札幌・小樽大都市雇用圏を用いている。これは札幌市、小樽市を中心都市とし、江別市等7市町村を郊外都市とする都市雇用圏である。本稿では説明の簡単化のため、小樽市を郊外都市に含めて記述している。

＊３　＊２と同様の福岡大都市雇用圏を用いている。これは福岡市を中心都市とし、小郡市等18市町村を郊外都市とする都市雇用圏である。

巨大な中心都市が出生率に影響

このような違いには、都市構造の差異が影響を及ぼしている。大都市圏人口の中心都市の比率を見ると、札幌大都市圏は81・7％であり、福岡大都市圏のそれは59％にすぎない。札幌市の巨大さがこの結果をもたらしている。福岡大都市圏は1282・99平方キロメートルの大都市圏だが、福岡市はその27％の343・39平方キロメートルを占めているにすぎない。一方、札幌市は、単独で1121・26平方キロメートルと福岡大都市圏に相当する広さを占めている。

大都市圏の中心業務地域（CBD：central business district）に通って集積の経済を享受する者の居住範囲には、一定の空間的な限界がある。実際に札幌大都市圏の面積は3205・12平方キロメートルと非常に広範囲であるが、人口のほとんどが中心都市に居住している。つまり、福岡市でマッチングされたカップルは、多様な郊外都市の中から子育て環境を選択することができるが、札幌市でマッチングされたカップルの選択肢は、中心都市内に限定されている可能性がある。

単一の地方公共団体が提示できる子育て環境と、複数の地方公共団体が提示できる子育て環境では、そのバリエーションにおいて大きな差が生じる。そこで、札幌市を構成する区と、福岡大都市圏を構成する区市町村ごとに、生活コスト／所得の比率を算出する。生活コストに関しては、国土交通省「平成26年都道府県地価調査」の市区町村別の住宅地平均価格を用いる。所得については、

図表5-4　札幌市と福岡大都市圏の生活コスト/所得の比較

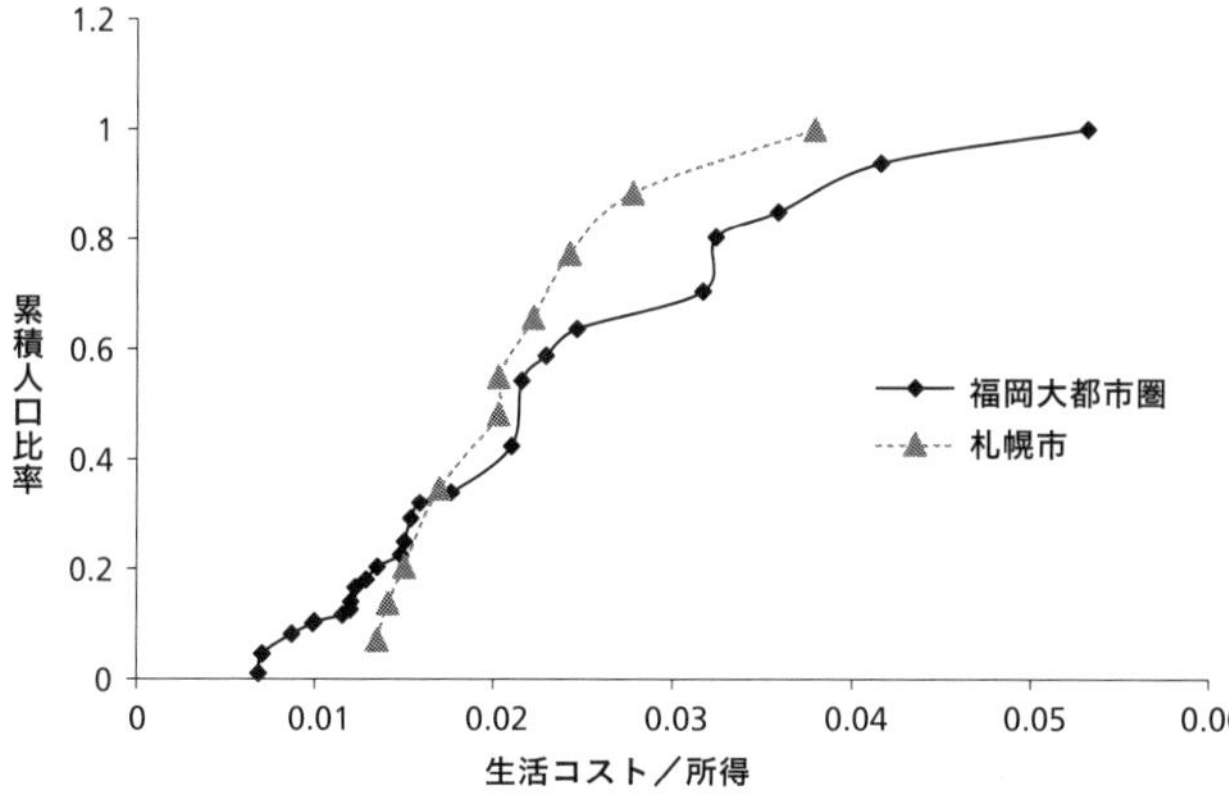

出所：国土交通省『平成26年都道府県地価調査』および総務省『市町村税課税状況等の調（1975～2013年）』より筆者作成。

総務省「市町村税課税状況等の調（1975〜2013年）」から、課税対象所得を納税義務者数で除したものを用いている。

札幌市と福岡大都市圏について、市区町村別に生活コスト／所得を算出し、それを低い順に並べて、累積人口比率（当該市区町村までの順番で、札幌市または福岡都市雇用圏の人口の何パーセントをカバーしているか）を、図表5-4で記述した。札幌市が最低0・014から最高0・038の間に分布しているのに対して、福岡大都市圏においては、その半分の最低0・007から最高0・053までの間に分布している。福岡大都市圏においてカップルは、生活費が非常に安価な居住地を含む、豊富なバリエーションから選ぶことができるのに対して、札幌市においては比較的狭い選択肢から選ばざるを得ない。

都市構造を考慮した政策論議を

なぜ、都市に若者が集まるのだろうか。ここでは二つの要因に着目する。
①集積の経済を生かした生産性の高い、多様な企業が集まり、就業機会が集中している
②フェイスツーフェイスコミュニケーションが容易な環境、多様なタイプの独身者がいるため、効率的なマッチングを行うことのできる結婚市場がある

①と②の要因が重なり合う形で都市に若者が移入しており、しかも労働移動が活発でない日本のようなケースでは、カップルとしてマッチングされる前の就業先に縛られる形で、結婚後の居住地が決定されることが多い。②の機能が十全に発揮されるためには、稼げる中心都市と若年期に安価に生活できる郊外都市というバリエーションを都市圏が有している必要があろう。この②の機能が発揮できない場合は、①の理由で移入する若者、②の理由で移入したものの結婚が叶わない若者が、中心都市に未婚のまま滞留することになる。

郊外都市とは、中心都市における豊かな就業機会や都市サービス、公共交通網や美術館などの公共サービスにフリーライドできる存在である。このような都市の存在は財政外部性をもたらす一方で、若年期における大都市圏での結婚生活を可能としている可能性があろう。札幌市は、札幌オリンピックのときに非常に大規模な合併を行い、現在の姿になった。このため、このような安価な生

活環境を提供できる郊外都市が、通勤可能な地理的範囲に十分に存在していない可能性があろう。
　以上のように、マッチングの場として機能しているため婚姻率の低い中心都市、マッチング後の生活の場として婚姻率が高い郊外都市という傾向は、大都市圏一般に広く当てはまることが確認された。しかし、大都市圏全体では、地域全体の婚姻率とあまり変わらない婚姻率まで、前者を後者がいわば中和することが一般的であるにもかかわらず、札幌大都市圏はその例外となっている。本稿では、合併に伴う大きすぎる中心都市の存在をその原因として挙げたが、札幌市特有の原因について、さらなる研究が行われることを期待したい。

〈参考文献〉

八田達夫「地方創生策を問う(下)移住の障壁撤廃こそ先決」『経済教室』、日本経済新聞、2015年2月6日付朝刊、2015年
中川雅之「東京は『日本の結婚』に貢献—人口分散は過剰介入」「老いる都市、『選べる老後』で備えを—地方創生と少子化、議論分けよ」(日本経済研究センター大都市研究会報告)、2015年、45〜59頁

論点2

保育と少子化対策——地方分権でどれだけ少子化対策が可能か

Childcare and Measures Targeting Japan's Low Birthrate: What Effect Can the Decentralization of Authority Have on the Birthrate?

学習院大学経済学部教授　鈴木亘

少子化対策には就業機会確保が必要

「少子化対策と地方創生」の在り方を考える上で重要なことは、地方自治体の少子化対策「単体」で、地方の少子化や人口減少を防ぐことはできないということである。

結婚した夫婦が子どもを産む選択を行うことは、経済学的には、一種の「耐久消費財への共同投資」と捉えることができる。しかも、この耐久消費財は、この夫婦にしか消費の効用（子育ての喜び）を与えない「売買不可能な特殊財」である。子育てには長期間にわたって少なからぬコストが生じるし、特に日本の場合、子育て期間中は妻が就業を中断して子育てに専念することが一般的である。妻の収入の道が絶たれた子育て期間中に、夫が失業するおそれがあったり、経済問題から結婚生活が破綻するリスクが高いのであれば、「ホールドアップ問題」が生じる。つまり、そのような梯子外しが起こる心配があるのならば、そもそも子どもを産むという決断は難しくなってしまう。あるいは、日本の場合、結婚と出産がセットになっていることも多いので、そもそも結婚自体が決断できないことになってしまう。

その意味で、真の少子化対策にとって必要なことは、保育などの子育て支援策を充実させることだけではなく、結婚した夫婦の就業機会がしっかりと確保され、安定的な結婚生活が営める長期的見通しが持てることである。

少子化対策は都市部に集中させよ

2014年に発表された日本創成会議の「増田レポート」（日本創成会議、2014）は、今後、地方から大都市への人口流出がますます進み、全国の約半数にも及ぶ自治体が「消滅可能性都市」となると公表し、社会に大きな衝撃を与えた。しかし、東京一極集中や大都市への人口流出でますます日本全体の少子化が進むと断じ、少子化対策の観点から人口移動に歯止めをかけるべきと論じたその主張には、経済学的に問題がある。

八田（2015a・b）が明快に指摘しているように、増田レポートが論じている、①東京一極集中が起こっている、②東京圏は地方に比べて出生率が低いといった前提はいずれも事実誤認である。したがって、③就業機会の失われていく地方に、いくら若者を残したり、大都市からの移住を促進したりしても出生率は回復しない。

人口減少・経済衰退の進む地方から、就業機会を求めて大都市に若者が移住するのは当然のことであるし、東京圏や政令指定都市などの大都市に人口が集中することは、「集積の利益」が働くので、日本全体の成長戦略としてはむしろ望ましい。逆に、大都市の税収を地方にばらまいてみたり、都市への人口流入を無理に防ごうとする地方創生策は、そうした自然な経済原理に逆らう行為である。成長戦略にならないばかりか、少子化対策としても効果が小さいと思われる。[*1]

むしろ地方から大都市への人口流出をそのまま認め、もし、少子化対策が政策的に必要なのであれば、大都市における少子化対策に資源を集中する方がはるかに現実的である。もちろん、大都市に移住した夫婦や若いカップルたちが少ない出生数を望み、彼らの合理的な選択として低出生率が生じているのであれば、そこに無理に政策介入することは正当化できない。しかし、都市部において政策的な障害が存在し、それが彼らの望む出生数の実現を妨げているのであれば、その修正が必要である。

人口増加に子育て支援策が追いつかない

例えば、人口流入の激しい都市部では、増え続ける人口に「標準的な子育て支援策[*2]」の確保が十分に追いつかず、そのために出生率が低くなっている可能性がある。図表5-5は、政令指定都市および東京都区部における合計特殊出生率と人口増加率の関係を見たものであるが、両者には明らかに負の関係が見て取れる（相関係数は−0.38）。

つまり、人口流入が続く同じ都市部ではあっても、人口増加率が高い都市ほど出生率が低い。こうしたことが起こる原因の一つは、子育て支援策に要する財源が、増加する人口に追いついていないということである。この点については政策的に改善の余地があるし、実際、少子化対策としての効果も期待できよう[*3]。例えば、地方交付税交付金は、2年前の実績に応じて算定されているが、人

＊1　すでに述べたように、子どもを産むという選択は、親たちの長期的な就業機会、生活安定の見通しがあって初めて可能であり、地方への短期的な税収バラマキで、その状況が簡単に変わるものではない。また、これも八田（2015a・b）が詳しく論じているように、出生率改善は成長戦略となるかどうかも本来疑わしい。そもそも政策目標として出生率改善が適切かどうかという点も、議論の余地がある。

＊2　例えば、地方自治体が行う保育施策は、女性労働市場に「市場の失敗」が生じているため、一定程度の公費投入が正当化されうる（八田2008：326頁）。幼児教育も「外部性」が生じることが知られているため、一定程度の公費投入は合理的である。このため、一定程度の標準的子育て支援策、少子化対策を各自治体が行うことは経済学的に正当化されうる。

図表5-5　政令指定都市および東京都区部の合計特殊出生率と人口増加率の関係

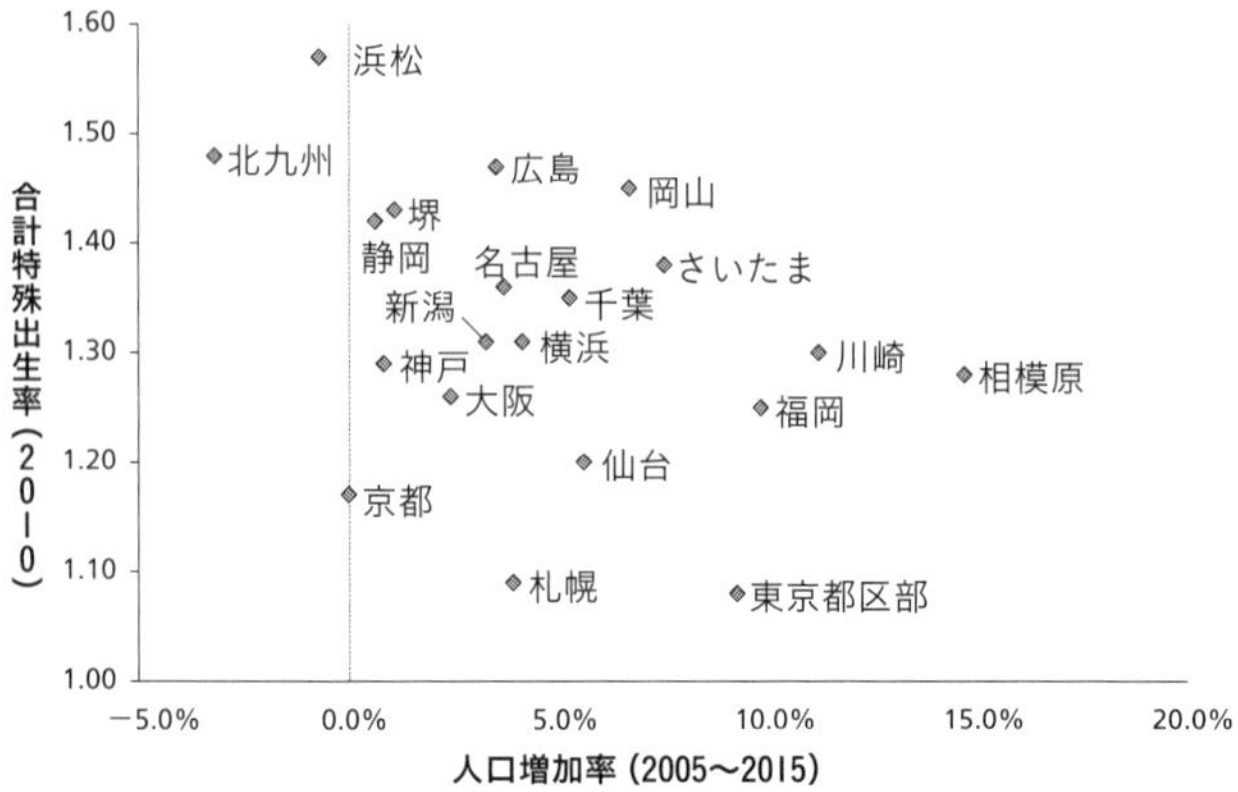

出所：厚生労働省『人口動態調査』2010年、総務省『国勢調査』（各年）より筆者作成。

口流入が進む自治体に対しては、子育て支援関連の交付額は当該年度の見込み額を算定するようにすれば、子育て支援財源の確保にラグが生じるのを防げる。

待機児童対策の外部性

また、人口増が進む都市部の子育て支援策には、「外部性」が存在するために、各自治体の対策が過少供給となる問題もある。例えば、現在、東京都区部や政令指定都市では待機児童問題が深刻である。各自治体の待機児童対策が進まない背景には、各自治体が積極的に対策を行うと、周りの自治体がそれに「ただ乗り」してくることが挙げられる。

各自治体が認可保育所を新設する場合、その運営費等に対して、自治体ごとに多額の単費の持ち出しが生じている。*4 せっかくそれだけ公費をかけて認可保育所を新設しても、待機児童問題が深刻な周りの自治体から、すぐに子育て世帯が移住してきて元の木阿弥となる。このため、各自治体ともただ乗りを狙い（あるいはただ乗りされないため）、待機児童対策に消極的となるのである。待機児童対策以外の子育て支援策や、小学校や中学校の義務教育への財政支出、学童保育等についても、同様の構造的問題が起こっていると考えられる。

このため、他の自治体からの流入者に対して、認可保育所の入所判定の際の点数を低く評価して、もともとの地域住民を優遇する自治体が多い。また、世田谷区や杉並区のように、待機児童問題が深刻であるにもかかわらず、国の最低基準（面積基準、保育士人員基準）よりもはるかに高い「上乗

＊3　つまり、こうした都市部の子育て支援策の水準が他の自治体並みであれば、もっと出生率が高かったと考えられる。政策的な障害によって、希望出生数と現実の出生数が乖離しているのであれば、政策を正すことによって、効果はすぐに出ると考えられる。もちろん、人口流入率の高い自治体は、例えば、地価が高く、世帯の住宅面積が小さくなるなど、別の要素で低出生率となっている可能性もある。その場合は、子育て対策充実で出生率が改善する余地は小さいだろう。

＊4　例えば、東京都区部の平均的自治体である板橋区では、認可保育所の運営費に占める区の負担は74・2％に及ぶ。実際の保護者負担は10・6％、国負担8・3％、都負担4・1％、その他2・7％である(平成26年度決算値：保護者の負担割合表)。保育単価上の理論的負担は、国2分の1、都道府県4分の1のはずであるが、実際には、公立保育士の人件費補填分、保育料の自治体独自の軽減分、滞納者の保育料を含め、さまざまな公費負担が別途生じており、7～8割が自治体の公費負担となっている。

せ基準」を自治体独自に設け、もともと認可保育所に入りやすい地域住民を優遇する例もある（鈴木2014）。東京都の多くの自治体が行っている保育料の過度な独自減免策も、これによって待機児童問題が深刻化するから、他地域からの子育て世帯の移住を難しくしている。

さらに、東京都の江東区のように、マンションの新築を制限し、保育や教育でコスト増となる人口流入を防ごうとする自治体も現れる。制度の歪みが住居選択の自由を奪っているのである。せっかくの集積の利益を妨げているという意味で、成長戦略からも本末転倒な事態である。こうした制度の歪みの是正策としては、次のいくつかの方法が考えられる。

子育て版「モデル給付」の導入を

第一に、複数の自治体間にまたがる広域調整を行うということである。例えば、横浜市の各区は東京都とは異なり、単なる行政区に過ぎないため、もともと各区で独自の保育施策を裁量することができない。このため、トップの横浜市長さえ決断すれば、全区で一斉に積極的な保育拡充策を打つことが可能である。これは一種の広域調整であり、各区が独自に裁量する場合の外部性の問題を防いでいる。横浜市は2010年に全国最悪であった待機児童数が、林文子市長のリーダーシップによって2013年にゼロになったことで有名である。この成功の背景の一つには、東京都にできない広域調整が可能であったことがあると思われる。

第二の方法は、介護保険における「住所地特例」[*5]と同様の手法を、子育て支援策に取り入れることである。具体的には、移動先自治体の子育て支援にかかる費用を移動元の自治体が負担する仕組みにする。これならば、ただ乗りができなくなるので、各自治体は気兼ねなく子育て支援策を行うことができる。財源のラグも生じない。ただし、この方法では、例えば保育所の運営費だけではなく、建物建設の補助金（施設整備費）までを負担させることは難しい。また、転勤などで移動が煩瑣な世帯をどう扱うのか、複雑な調整が必要である。

そこで、第三の最も抜本的かつ手っ取り早い方法は、八田（2015b）が国保改革について提案しているように、子育て支援の「モデル給付額」を国が各自治体に支払う仕組みにすることである。すなわち、保育や教育のように最低限の水準を国が保証すべき施策については、その標準的必要額（モデル給付額）を全額、国が各自治体に対して支払う。モデル給付額では運営費だけではなく、施設整備費についても子ども1人当たり分を計算して自治体に配布する。こうすれば、標準的子育て施策を行うことに対して、自治体の負担はゼロとなることから、過少供給の問題が防げる。財源

＊5　例えば、特別養護老人ホームが不足しているために、もともと住んでいた自治体から別の自治体に移る加入者に対しては、元の自治体の介護保険がその費用を支出し、加入者は元の自治体に保険料を支払うことになる。特養以外にも多くの介護施設で同様の特例が認められている。

のラグが生じないように見込み額で配分して、翌年に過不足分を調整すればよい。

もちろん、標準以上の施策を行いたい自治体は、追加負担が生じる。一方で、人口流入によって規模の利益が働き、標準額よりも安く子育て支援策ができる都市部の自治体は、財政に余裕が生じ、余った分を他の施策に回すことができる。

バウチャーの活用も有効

さらにこのモデル給付額は、自治体を通さず、子育て世帯に直接、運営費補助と施設整備費分のバウチャーとして国が与える方法にしてもよい。補助金は子育て世帯と一緒に運ばれてくるから、各自治体はその移動を妨げないし、規模の利益で安価に子育て支援策を工夫できる都市部の自治体は、子育て世帯流入をむしろ歓迎する。このバウチャーを活用すれば、認可保育所間や、認可保育所と無認可保育所間に競争原理が働く。市場原理により保育の供給量が増加するし、子育て世帯間の補助金偏在の不公平が改善するので、保育業界全体の抜本改革にもつながる。

実はこの10年ほどの間に、保育をはじめとする子育て支援策に関し、地方交付税等を使った地方自治体への財源移譲がかなり進んだ。しかしながら、都市部の待機児童問題が、実際のところあまり改善していない背景には、人口流入が進む都市部の自治体において、①補助金のラグが発生することなどによって子育て支援策が人口増に追いついていないこと、②子育て支援策に外部性が発生して過少供給になりやすいこと、の二つの問題があったと考えられる。モデル給付額方式等によってこの問題に対処することが、地方分権と少子化対策の正しい方向性である。未経験の効果のわからぬ対策を実行するよりも、まずは制度の歪みを正すところから始めるべきである。

〈参考文献〉

鈴木亘『社会保障亡国論』講談社現代新書、2014年
八田達夫『ミクロ経済学I：市場の失敗と政府の失敗への対策』東洋経済新報社、2008年
八田達夫「地方創生策を問う(下)移住の障壁撤廃こそ先決」『経済教室』、日本経済新聞2015年2月6日付朝刊、2015年a
八田達夫「『〝国保のモデル給付額〟国庫負担制度』による地方創生」『医療経済研究』第27巻2号、2016年b、71〜84頁
日本創成会議『ストップ少子化・地方元気戦略』2014年

第6章

地方財政制度

LOCAL GOVERNMENT FISCAL SYSTEM

総　括

良い地方分権、悪い地方分権

GOOD AND BAD FISCAL DECENTRALIZATION

論　点　1

地方分権に関わる政府間財政移転の課題

EXAMINING FUNCTIONS OF INTERGOVERNMENTAL FISCAL TRANSFER

論　点　2

地方分権と固定資産税——固定資産税の「応益性」を中心として

DECENTRALIZATION REFORM AND PROPERTY TAX IN JAPAN: A CONSIDERATION OF THE BENEFIT PRINCIPLE

総　括

良い地方分権、悪い地方分権

GOOD AND BAD FISCAL DECENTRALIZATION

一橋大学大学院経済学研究科教授　佐藤主光

変わる集権体制と旧態依然の地方財政制度

わが国の集権体制は変わりつつある。従前、「集権的分散システム」（東京大学・神野直彦教授）と言われたとおり、地方自治体は国（中央政府）が企画・立案、財源調達（財源保障）した政策・事業を執行する、いわば「国の下部組織」に過ぎなかった。しかし、①機関委任事務の廃止を含む地方分権一括法の施行（2000年4月）、②全国の自治体数をほぼ半減させた「平成の大合併」、③3兆円規模の税源移譲を実施した三位一体の改革、④民主党政権下での補助金の一括交付金化等の「地域主権改革」などを経て、自治体の主体性や責任は高まりつつある。公会計改革や事務事業（政策）評価をはじめ、行政・財政改革で先行する地方自治体も少なくない。

しかし、地方財政の「制度」は旧態依然の性格を残している。①地方財政（地財）計画による財源保障とそれを実現する「地方交付税制度」は、国が決めた政策（地財計画に計上した支出）を確実に自治体に実行させるという集権的分散システムを前提にした補助金である。②一括交付金化が進んだとはいえ、地方の創意工夫が十分に発揮される状況にもない。「地方創生関係交付金」は先進的な自治体の取り組みを支援するとするが、何が先進的かは国の判断によるところが大きい。自治体は自らの創意工夫ではなく、国をおもんぱかった計画（地方版総合戦略）を作ることにもなりかねない。③国の財源保障は（赤字地方債や国が同意した）地方債にも及ぶ。「暗黙裡の信用保証」は地方債の発行コスト（金利）を国債並みに下げてきた。このことは公共施設の更新・運用への民間資金・経営ノウハウの活用を狙いとするＰＰＰ（Public Private Partnership）・ＰＦＩ（Private Finance Initiative）普及の阻害要因にも挙げられる。低い地方債の金利は（リスクを含む）本来の公共事業・公共施設のコストを不明瞭にしてしまう。加えて、地方自治体が独自に担う政策にも弊害が見受けられる。いまや、ふるさと納税は地元の特産品を納税者（寄付者）に送る「返礼品競争」になった。財政的に富裕な都市圏の自治体を中心に子どもの医療費等の無料化も進んでいる。「過剰な給付競争」の面も否めない。

「限界的財政責任」の欠如

国の財源保障にも自治体の取り組みにも欠けているのは「住民の財政責任」だ。ここでいう財政責任は補助金の全廃、自主財源のみによる財政運営を求めるものではない。自治体が自ら決めた政策・事業（単独事業など）に対して住民がコストを負う（コスト意識を持つ）「限界的財政責任」だ。現在の地方分権はこの限界的財政責任を欠いている。先の公共施設の集約化を例にとれば、現行の公共施設を維持するとしても、そのための追加的な住民の税負担はこれだけの金額になる、それを理解した上で当該施設の存廃を決定するという選択肢がない。現在、各自治体が作成を進めている「公共施設等総合管理計画」は公共施設等の集約化を含んでいる。しかし、住民が財政負担を負わない状況で自分らが受益だけする施設の廃止・縮小に対して、抵抗は大きいのが実態だ。

依存体質を助長する交付金と、法人税への偏重

他方、地域間の格差に対する懸念もあるだろう。自治体の自助努力によらない格差

を埋めるのは、分権体制下での地方交付税の役割である。しかし、現行の交付税はむしろ地方の財政規律の弛緩、依存体質を助長してきた。自治体は事あるごとに「交付税の総額確保」を要求している。改革努力の前に交付税をあてにする状況で本当に改革が進む（現状が改革をしなくても困らない状況ならなおさら）のかは疑問だ。住民に負担を求める地方税にも欠点が多い。超過課税を含む自治体の課税自主権の行使も、法人二税（法人事業税・法人住民税）に偏重してきた。その根拠としては「応益原則」が挙げられるが、個人住民税をはじめ住民に対する応益課税には及び腰なのが現実だ。結局、税は「取りやすいところから取っている」のが実態と言えよう。教科書的に言えば、「望ましい地方税」に挙げられる固定資産税についても、小規模住宅に対する軽減措置（課税標準を6分の1に圧縮）など応益課税からの乖離がある。

効率をもたらす良い地方分権

結局、良い地方分権と悪い地方分権の分岐点になるのは「住民の財政責任」（コスト意識）の有無だ。地方分権と言えば、国と地方の対立構造がクローズアップされるが、真に問われるのは自治体と住民の関係であろう。「住民に向かい合った財政運営」の実現のいかんである。コスト意識を欠いた地域住民は、自治体の財政運営に関心を持たない。その結果、地域住民の監視がなくなり、財政規律も弛緩する。良い地方分権の実現には①現行の交付税制度、②地方税制の見直しが必須である。そこで本章の二つの論文では①政府間財政移転制度の現状と課題、および②住民への応益課税を原則とする固定資産税改革を取り上げる。論点1の小林論文は交付税に係る三つの課題として、財源保障の意義と水準、自治体の財政力の定義と指標、不交付団体の位置づけについて論じる。論点2の宮崎論文は固定資産税が応益性を満たさない理由（課税自主権の制限、さまざまな特例措置、実質的資本課税）を挙げた上で、応益課税を徹底するための改革を提言している。無論、ひと口に自治体と言っても、財政力・経済力は千差万別だ。主体性・財政責任を持つ余地にも違いがあるだろう。わが国の地方分権は、原則すべての自治体に同様の事務事業・権限を与えるという意味で「集権的」（画一的）だった。自治体を財政力等に応じていくつかのグループに類型化できるなら、そのグループに応じた財政移転や地方税制度（税源配分）があってもいいかもしれない。

政府は2025年度までに国と地方を合わせた基礎的財政収支の黒字化を目指しており、その一環として「経済・財政一体改革」（経済・財政再生計画）を進めている。同改革では地方歳出の効率化（民間委託等、業務改革や広域化を含む）が重要な柱の一つに位置づけられた。仮に地方分権が住民のコスト意識を喚起することで、自治体への関心と監視を促し、ミクロ（各自治体）レベルで効率的な財政運営につながるならば、マクロ（国・地方全体）的には財政再建にも寄与することになろう。

〈参考文献〉

小林航「地方分権に関わる政府間財政移転の課題」本書第6章論点1、2018年
佐藤主光『地方税改革の経済学』日本経済新聞出版社、2011年
宮崎智視「地方分権と固定資産税――固定資産税の『応益性』を中心として」本書第6章論点2、2018年

論点1

地方分権に関わる政府間財政移転の課題

EXAMINING FUNCTIONS OF INTERGOVERNMENTAL FISCAL TRANSFER

千葉商科大学政策情報学部教授　小林航

「財政の三機能」に基づく伝統的な政府間機能配分論

地方分権に関する議論を進めていくと、機能配分と財源配分の議論に行き着く。前者については地方公共団体（地方政府）が担うべき役割は何であるかが問われ、後者についてはその役割に対応する財源をどのように割り当てるべきかが論じられる。

伝統的な政府間機能配分は、図表6-1のようになる。そこでは、「財政の三機能」という考え方に基づいて政府の役割を分類した上で、資源配分機能のうち地方公共財の供給については地方政府

図表6-1　伝統的な政府間機能配分論

資源配分機能		所得再分配機能	経済安定化機能
地方公共財	国家公共財		
地方	国	国	国

出所：Oates (1972)をもとに筆者作成。

が担うのが効率的である、とされる（分権化定理）。しかしながら、地域間の外部性や財政力格差を考慮すると、地方公共財の供給を地方政府に完全に任せてしまうことに対する懸念が生じ、政府間財政移転に一定の役割が期待されることとなる。*1

日本では、地方交付税と国庫支出金が代表的な政府間財政移転制度として位置づけられている。前者は使途が特定されない一般補助金であるのに対して、後者は使途が定められた特定補助金である。そして、地方交付税には財源保障機能と財政調整機能という二つの機能があると考えられているが、国庫支出金もまた財源保障機能の一翼を担っている。政府間財政移転制度に関する課題は多岐にわたるが、本稿ではこれら二つの機能に関連して、主に三つの検討課題を提示したい。

*1　「財政の三機能」に基づく政府間機能配分論と政府間財政移転に期待される役割は、いずれもOates（1972）によってまとめられている。

財源保障の意義と適切な水準について再検討すべき

本稿で提示する第一の課題は、財源保障の意義と水準についてである。日本の地方財政制度においては、地方公共団体が実施を義務づけられている公共サービスを中心に、その経費の一部を国が国庫支出金として交付した上で、残りの地方負担分については地方交付税の算定対象とし、個々の団体の財政力に応じて配分されている。つまり、一部の公共サービスについては国庫支出金と地方交付税を通じてその財源が保障される仕組みとなっているのである。

したがって、財源保障の意義を考える際には、国が地方に特定の公共サービスの実施を義務づけるという仕組み自体の意義もあわせて検討する必要がある。図表6-1のように伝統的な政府間機能配分論では、国家公共財の供給に加え、所得再分配機能と経済安定化機能も国が担うべきとされる。問題はそれらの機能を国が担う際に、地方に出先機関を作って国家公務員が実施するのと、地方公共団体に委託して地方公務員が実施するのとどちらが望ましいのかという点であり、行政分野ごとに慎重に検討されるべき課題である。[*2]

例えば、代表的な所得再分配政策である生活保護制度は国が基準等を決め、地方が実施している。伝統的な機能配分論に従えば、生活保護制度は国が担うべきものと考えられるが、必ずしも国が実施主体である必要はない。所得再分配政策を国が担うべきとする主張の論拠は、同政策を地方に委ねると手厚い再分配を行う地域に低所得者が流入し、高所得者が流出することを警戒して適切な再分配が実施されないことが懸念されるためである。したがって、保護基準を定める役割を国が果たし、統一的な運用がなされるのであれば、実施主体は地方であってもよいと考えられる。[*3]

財源保障の水準については、必要な経費を無条件に保障するのか、それとも地方公共団体が標準的な経費削減努力を行った場合に必要となる経費を保障するのか、あるいは考えうる最大限の削減努力を行った場合に必要となる経費を保障するのか、といった基本的な運用方針について検討する必要がある。無条件の保障では経費の膨張が懸念されるのに対して、最小限の保障では財源が不足し、地域間の財政力格差が住民の厚生格差に直結することが懸念される。そのように考えると、標準的な保障が望ましいようにも感じられるが、その場合には標準的な努力を前提とした経費をどの

＊2　また、地方公共財のスピルオーバー問題も重要な論点となる。これはある地域で供給された地方公共財の便益が他の地域にも波及するという問題であり、地方公共団体がその地域の住民の厚生に対して関心や責任を持つものと考えると、他の地域に及ぶ外部便益は考慮されないため過少供給に陥ってしまうことが懸念される。この問題に対する一つの対応策としては、定率補助金で誘因を付与することが考えられるが、外部便益の大きさは事業ごとに異なるため、適切な補助率を算定することは困難である。その場合、平均的な補助率を設定し、あとは地域の判断に任せるのがよいのか、それとも国が基本計画を策定して主導的な役割を果たすのがよいのか、議論の余地が生じる。

＊3　生活保護制度における政府間機能配分については阿部ほか（2008）を参照。

ように定義し、測定するかが問題となる。

地方交付税の9割以上を占める普通交付税は、基準財政需要額から基準財政収入額を引いて残った金額（財源不足額）を交付する仕組みであり、地方交付税の財源保障機能に関する運用方針はこれらの算定方針によって具現化されている。経費の膨張を防ぎつつ、財政需要をできるだけ正確に捕捉するため、基準財政需要額の算定においては人口や面積等の地方公共団体の裁量では操作しにくい変数を測定単位としている。それに標準的な経費（標準的条件を備えた団体で想定される歳出額）から割り出した単位費用と個別団体の事情を考慮する補正係数を乗じるという手法がとられている。

さらに2016年度からは、一部の業務分野について、民間委託や指定管理者制度の導入等によって経費を圧縮した団体の歳出額を全体の算定に反映させる、トップランナー方式が導入されている。これは、標準的な財源保障から最小限の財源保障へと部分的な方針転換が図られたものと解釈することもできるが、この制度を評価する際には財源保障の適切な水準をどのように考えるか、そして地域間の財政力格差をどこまで容認するかといった論点もあわせて検討する必要がある。

財政力の定義と適切な指標について再検討すべき

第二の課題は、財政力の定義と指標についてである。地方交付税の財政調整機能とは、主に地域間の財政力格差を調整するものであり[*4]、前述のような普通交付税の仕組みから需要格差と収入格差の調整を行っているものと解釈できる。地方税を中心とした財政収入が大きければ交付税額は小さくなり、財政需要、すなわち必要経費が大きければ交付税額は大きくなるのである。

こうした観点からは、財政需要に対してどれだけの財政収入があるかを財政力の定義として考えるのが自然に思える。実際、日本の地方財政制度においては、基準財政収入額を基準財政需要額で割った値の3カ年平均を財政力指数として定義し、各地方公共団体の財政力の指標としている。しかしながら、財政需要を財政力の定義に含める、もしくは調整すべき財政力格差の一部として需要格差（費用格差）を認めることには異論もある。財政需要を正確に捕捉するには実際にかかった経費、もしくはかかる予定の経費を団体ごとに計上する方法が考えられるが、それでは使った分だけ受け取る額が増えることとなり、経費が膨張してしまう可能性があるからである。これは財源保障の水準をめぐる論点と同様の問題である。

他方、財政収入のみで財政力を定義するとしても、通常は人口等で割ることになる。人口で割るのは、それがその地方公共団体の財政規模を表す客観的な指標の一つと考えられるからであり、その背後では財政需要が意識されているとも解釈できる。したがって財政力を定義する際に財政需要

＊4　地方交付税の財政調整機能は、国と地方公共団体の間の財政ギャップを調整する垂直的財政調整と、地方公共団体間の財政力格差を調整する水平的財政調整に分けて考えることもできる。

図表6-2　標準税収入の増加と地域間格差の拡大

団体	A	B	合計	CV
基準財政需要	100	100	200	0.000
標準税収入	160	40	200	0.600
基準財政収入	120	30	150	0.600
普通交付税	0	70	70	1.000
標準税+交付税	160	110	270	0.185
基準財政需要	100	100	200	0.000
標準税収入	192	48	240	0.600
基準財政収入	144	36	180	0.600
普通交付税	0	64	64	1.000
標準税+交付税	192	112	304	0.263

出所：筆者作成。

を無視することはできないが、真の財政力を表す指標と財政調整制度が対象とする財政力が必ずしも同じものである必要はない。財政調整制度が対象とする財政力が真の財政力から乖離するとしても、それが経費の膨張を防ぐための措置であるならば、合理的な制度として受け止めることも可能だからである。

負の交付税VS.不交付団体の交付団体化

第三の課題は、不交付団体の位置づけについてである。不交付団体とは、基準財政収入額が基準財政需要額を上回るために普通交付税が交付されない地方公共団体のことであるが、不交付団体が存在する状況下では、地方税源の拡充に伴って地域間格差が著しく拡大することになる。図表6-2は、その現象を簡単な数値例で示したものである。

ここではA、Bという二つの仮想的な地方公共団体を想定し、いずれも基準財政需要を100としてある。標準税収入とは、地方税法で定められた税目を標準税率で賦課した場合にその団体が徴収することになると考えられる税収のことであり、基準財政収入はこの値に0・75を乗じて算出される。[*5]普通交付税は基準財政需要から基準財政収入を引いた値がプラスであればその値に、マイナスであればゼロになり、この数値例ではAが不交付団体となる。右端の列のCVは変動係数（標準偏差÷平均値）であり、各行の変数のバラツキ（地域間格差）の大きさを表している。

図表6-2の下段の表は、各団体の標準税収入を上段の表の1・2倍に増加させたものである。すべての団体について同じ割合で税収が増加しているため税収の変動係数は変化していないが、交付税を加えた一般財源（標準税+交付税）でみると、変動係数が約4割上昇している（0・185→0・263）。これは、税収が増加した場合に、交付団体においてはその75%分が交付税額の減少によって相殺されるのに対して、不交付団体においては増収分が100%、その団体の収入にな

＊5　実際には標準税収入のうち基準財政収入に100%算入されるものもある。また、標準税収入に基づいて基準財政収入を算定することにより、地方の独自課税（法定外税の創設や標準税率を超えて課税する超過課税）による税収は普通交付税の計算には反映されない。つまり、独自課税を実施しても交付税額が減ることはなく、地方交付税により独自課税の誘因を減じることがないように設計されているのである。

図表6-3　負の交付税と標準税収入の増加

団体	A	B	合計	CV
基準財政需要	100	100	200	0.000
標準税収入	160	40	200	0.600
基準財政収入	120	30	150	0.600
普通交付税	**-20**	70	50	1.800
標準税+交付税	140	110	250	0.120
基準財政需要	100	100	200	0.000
標準税収入	192	48	240	0.600
基準財政収入	144	36	180	0.600
普通交付税	**-44**	64	20	5.400
標準税+交付税	148	112	260	0.138

出所：筆者作成。

るためである。

図表6-3は、基準財政収入が基準財政需要を上回る場合にその差額（財源超過額）を負の交付税として計上したものであるが、ここでは税収増による一般財源の格差拡大効果は15％程度にとどまっている（0・120→0・138）。負の交付税とは、課税額がマイナスになった個人が政府から差額分を給付される制度を負の所得税と呼ぶのと同様に、基準財政需要額から基準財政収入額を引いた値がマイナスになった団体が国に差額分を納付するものである。

当然ながら、負の交付税を導入しようとすれば、該当する不交付団体からは猛烈な反発があるだろう。それ以外の方法でこの問題に対処するには、すべての地方公共団体を交付団体にするしかない。そのためには、国庫支出金の一部を地方交付税に統合して基準財政需要額を引き上げるか、地方税の一部を国税化して基準財政収入額を引き下げるといった措置が必要となるが、前者は地方交付税の財源保障機能と財政調整機能を分離するべきという機能分離論に逆行するものとなる。[*6] 政府間財政移転に関する機能分離論の背景には、特定の制度のなかに複数の機能が統合されていることにより、各制度の位置づけが曖昧になって説明責任が果たされにくいという問題意識がある。その点については、本稿で提示した財源保障の意義と財政力の定義を再検討すべきという見解とも整合的であり、不交付団体の位置づけを含めて検討していく必要がある。

また、後者は法人住民税の一部を地方法人税という名称で国税化し、地方交付税の原資とするという近年の制度改正とも類似しているが、[*7] その意図は異なる。この改正の狙いは、偏在性の大きい法人住民税を国税化することによって地方税の偏在性を小さくすることに加え、地方消費税率の引き上げにより、図表6-2のように不交付団体と交付団体の間の財政力格差が拡大するのを是正することにある。これにより、景気変動に対する安定性が高く地域間の偏在性が小さい地方消費税の比重が高まることとなるが、今後の地方税体系の在り方を考える上でも財政調整制度における不交

＊6　地方交付税の機能分離論については佐藤（2011）を参照されたい。
＊7　地方法人税は2014年10月以降に開始される事業年度から適用される。

付団体の位置づけは慎重に検討すべき課題である。

〈参考文献〉

Oates, W.E., Fiscal Federalism, Harcourt Brace Jovanovich, Inc., 1972.
米原淳七郎・岸昌三・長峯純一［訳］『地方分権の財政理論』第一法規出版、1997年
阿部彩・國枝繁樹・鈴木亘・林正義『生活保護の経済分析』東京大学出版会、2008年
佐藤主光『地方税改革の経済学』日本経済新聞出版社、2011年

論点２

地方分権と固定資産税——固定資産税の「応益性」を中心として

Decentralization Reform and Property Tax in Japan: A Consideration of the Benefit Principle

神戸大学大学院経済学研究科准教授　宮崎智視

固定資産税＝「応益課税」？

地方分権下における自治体の基幹税として、固定資産税を用いるべしとの提言がしばしばなされる。例えば、井堀（２００７）は、地方の公共サービスの受益を税として反映できるため、固定資産税を地方分権下における有効な税として活用できるとしている。

この議論は、固定資産税が応益性を満たすことを前提としている。固定資産税の伝統的な帰着論に従えば、土地への固定資産税は全額土地の所有者が負担するとされている。すると、土地への固定資産税は応益性を満たすと考えられる。このことを踏まえ、土居（２０００）は、土地への固定資産税を中心に地方税体系を設計すべきと提言している。

しかしながら、現実には固定資産税は土地だけではなく、家屋や償却資産も課税客体とされている。本稿では、地方分権と固定資産税との関係について、既存研究を紹介しつつ現行の固定資産税制度の問題点を整理した上で、地方分権下における固定資産税制の在り方について述べたい。

固定資産税の応益性は、「Benefit View」により説明される。これは、固定資産税が税負担を増加させる一方、固定資産税により賄われた公共サービスが便益をもたらすことで、負担を相殺するというものである。賃貸住宅を例にとって説明する。固定資産税を賃貸住宅に課する一方、税収を自治体が運営するショッピングモールの整備に用いるとしよう。ショッピングモールの整備で、当該地域は魅力あるものとなり、住宅の資産価値が上昇すると考えられる。これは「税の資本化」と呼ばれる。資本化に伴い、課税による収益の低下は相殺されよう。居住者にとっては、実際に支払う賃料が、課税により例えば1万円上昇したとしても、ショッピングモールが建設されて便利になったことで、自分自身が支払ってもいいと思う賃料が1万円、あるいはそれ以上になる場合もあろう。Benefit Viewは、以上のような公共サービスからの受益による税負担の相殺を説明するものである。

アメリカでの研究では、Carroll and Yinger（１９９４）が、ボストンの１４７地域をサンプルとした分析によってBenefit Viewについて検証している。彼らは、課税後収益率の下落という形で、住宅所有者側も一部負担することを示しており、厳密な意味でBenefit Viewが成立しないことを示している。

日本においては、宮崎・佐藤（２０１１）が46道府県のデータを用い、計量分析と簡単な試算によりこのBenefit Viewについて検証している。図表６‐４には、同論文の数値計算の結果を再掲した。居住者の純負担は、公共投資を市町村の公共サービスとしたケースで０・００６２１％、歳出額を公共サービスとしたケースでは０・００１６６％と、いずれも０％に近くなっている。居住者にとっては、公共サービスによる便益が、固定資産税の負担を十分に打ち消すことを示唆するものである。一方、住宅所有者の純負担の数値は、それぞれ負になっており、収益率の低下のみ観察されるとの結果が得られた。この結果は、上述の税の資本化が十分ではないため、現状では固定資産税が住宅所有者（供給サイド）にとっては応益課税ではないことを示唆するものである。

図表6-4　宮崎・佐藤（2011）の数値計算の結果（現行制度）

	公共投資のケース	歳出額のケース
所有者の純負担	-7.587	-5.675
居住者の純負担	0.00621%	0.00166%

注：いずれも宮崎・佐藤（2011）の標本平均値による数値。
出所：宮崎・佐藤（2011）。

応益課税とならない三つの理由

なぜ現状の固定資産税は応益課税ではないのか？　このことの理由としては、以下の三つのことが考えられる。

まず一つは、自治体に税率設定の権限が完全に付与されていないことである。Benefit Viewにおいては、自治体が固定資産税の負担を受益に見合うように税率を選択すると想定されている。翻って日本の場合、固定資産税の標準税率は1・4%と決められており、超過課税等の余地は幾分かあるものの、自治体が固定資産税の税率を自由に決定する余地はほとんどない。

二つ目の理由は、公共サービスからの受益が市場価格（地価）に適切に反映されていないことである。課税標準が市場価格から乖離している場合、この資本化のメカニズムは働かない。以下、主に佐藤（2011）を参考に、固定資産税課税標準のうち土地の評価方法に関わる問題点について述べたい。

土地については3年おきに評価替えが行われ、その評価額は1994年以降「地価公示価格等の7割を目途」とされている。ある程度市場価格を反映しようとはしているものの、さまざまな特例措置が講じられている。例えば小規模住宅（住宅の敷地面積が200平方メートル以下）は、課税標準額を評価額の6分の1とする特例措置が講じられている。中野（2004）は、この特例措置を考慮すると、土地の実効税率は0・098%という低い水準になると指摘している。敷地面積が200平方メートル超になる一般住宅用地の場合でも、評価額の3分の1（家屋の床面積の10倍まで）とされるなど、住宅用地として保有している場合には固定資産税の負担が軽減されるようになっている。商業地も、課税標準額を評価額の60%から70%とすることが可能となっている。[*1]

また、三大都市圏特定市内における市街化区域農地については、評価額および課税標準額とも「宅地並み」課税を原則としている。しかしながら、1991年の生産緑地法の改正により、生産緑地を選択した場合は30年間税負担が軽減されることになっている。以上のことから、さまざまな特例措置の結果、現行制度下では課税標準が低く見積もられるようになっていることがわかる。

三つ目の理由としては、固定資産税が資本税となっている可能性である。Carroll and Yinger（1994）や宮崎・佐藤（2011）では、供給サイドに税負担が及んでいることを指摘している。とりわけ家屋・償却資産等資本への課税については、Capital Tax Viewにより説明される。以下、税率が全国平均よりも高いA地域と低いB地域の二つの地域から一つの国が構成されると想定する。まず、課税により家屋の資本収益率が両地域で一時的に低下し、税率の格差によりA地域からB地域に資本流出が起こる（物品税効果：excise tax effect）。次に、B地域に対しては資本が流入し超過供給になることで、B地域の家屋の課税後収益率は物品税効果のみのときよりもさらに低下する（利潤税効果：profit tax effect）。このCapital Tax Viewが正しいとするならば、固定資産税は応益課税ではなく資本税となっていると解釈される。家屋を対象としてCapital Tax Viewについて検証した宮崎・佐藤（2014）では、家屋への固定資産税は資本所有者に帰着しているとの結果を示している。彼らの実証結果は、現行の固定資産税は資本税となっていることを示唆するものである。

＊1　資産評価システム研究センター編（2015）などを参照のこと。

「住民に向かい合った自治体財政運営」と固定資産税制度の設計

前項では①自治体に税率決定の権限が制限されていること、②さまざまな特例措置に伴う課税標準と市場価格との乖離、③課税客体に資本が含まれ、実際に資本税となっている、という3点が原因で、現行の固定資産税が応益課税となっていない可能性について指摘した。以下、地方分権下における固定資産税の在り方について述べたい。

最初に、地方分権を進めるに伴い、自治体に税率決定の裁量を完全に付与することが必要である。実際に、宮崎・佐藤（2011）では、地方分権を進め、自治体が税率決定の裁量を完全に有するケースについても数値計算を試みている。この場合、固定資産税収と公共サービスとは完全にリンクすることになる。結果は図表6-5に示したとおりである。住宅所有者の純負担は多くの地域で0％近くになっているが、これは固定資産税による収益率の低下を、公共サービスによる受益が打ち消すことを示すものである。

しかしながら、課税標準と市場価格との乖離をもたらしているさまざまな特例措置や、土地の用途の違いにより異なる評価方法を残したまま自治体に税率設定の権限を付与したとしても、公共サービスからの受益が住宅の価格、特に地価に適切に反映されていないため、地方分権下においても完全に応益課税として機能するわけではない。固定資産税が真に応益課税として機能するために

図表6-5　宮崎・佐藤（2011）における、所有者の純負担の計測結果（地方分権）

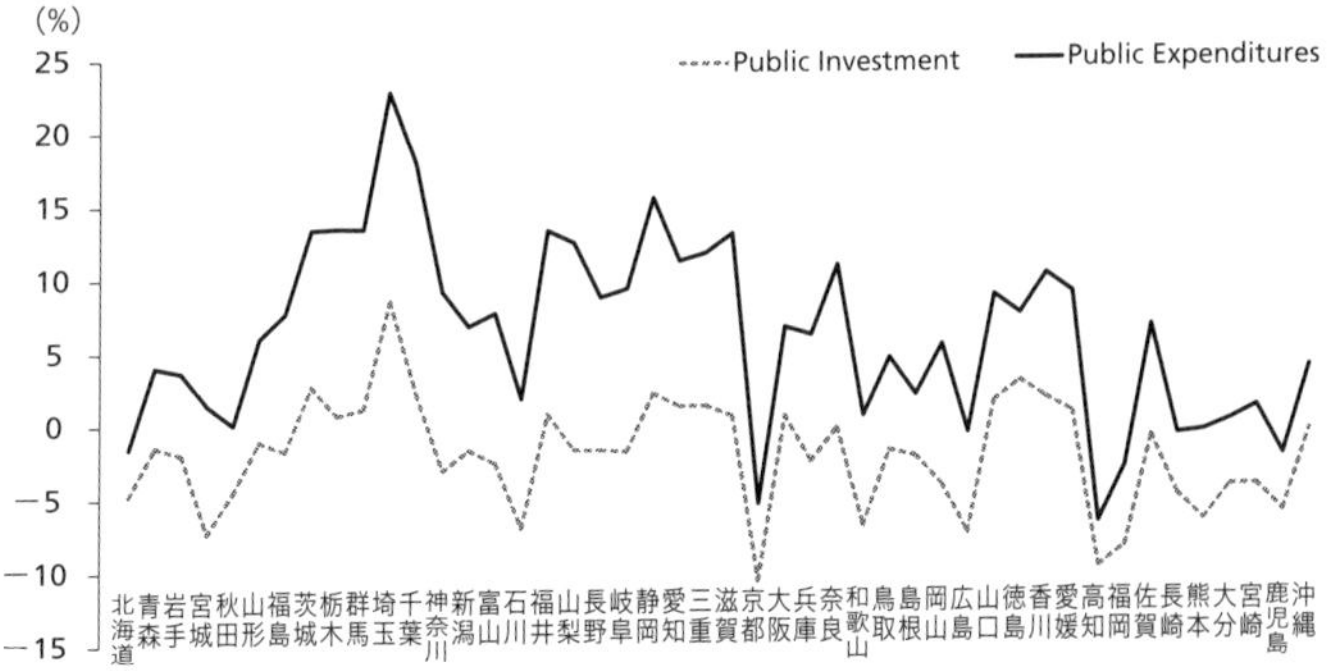

注：「Public Investment」は市町村の公共サービスを公共投資としたケース、「Public Expenditures」は市町村の歳出としたケースをそれぞれ示す。
出所：宮崎・佐藤（2011）。

は、地方に固定資産税の税率決定の権限を付与すると同時に、これらの課税標準に対する特例措置を撤廃することが必要とされよう。特例措置を講じる場合、佐藤（２０１１）は税率に反映させることがより望ましいと指摘しているが、地方分権により税率設定の権限を自治体に完全に付与するならばこのことも実現されよう。

「住民に向かい合った自治体財政運営」を実現可能なものとするためには、自治体に税率設定の権限を完全に付与し、かつ課税標準に対するさまざまな特例措置を撤廃し固定資産税収と公共サービスとのつながりを透明にすることで、住民のコスト意識を喚起し、自治体の財政運営に関心を持ってもらうことが要請される。

次に、その他の課税客体への在り方につい

て述べる。償却資産については、佐藤（2011）でも提案されているとおり、税率を全国一律とすることなどで租税競争や租税輸出等の誘因を回避することが要請される。宮崎・佐藤（2014）において、実際に資本税となっているとの結果が示された家屋への固定資産税についても改革が必要である。前述のように、宮崎・佐藤（2011）では、地方分権下においては家屋も含めた住宅への課税も応益性を満たしうるとしている。しかしながら、資源配分への影響を考慮すると、山崎（2011）でも提言されているように、家屋への課税を撤廃し、税収中立を図るために減収分を土地への税負担の増加で賄うことも一案であろう。

〈参考文献〉

Carroll, R.J., Yinger, J. Is the Property Tax is a Benefit Tax? The Case of Rental Housing. *Natl Tax J* **47**(2); 1994: 295–316.
井堀利宏『「小さな政府」の落とし穴―痛みなき財政再建路線は危険だ―』日本経済新聞出版社、2007年
佐藤主光『地方税改革の経済学』日本経済新聞出版社、2011年
資産評価システム研究センター編『固定資産税のしおり』、2015年
土居丈朗「地方交付税の問題点とその改革」『エコノミックス』3、東洋経済新報社、70～79頁、2000年
中野英夫「固定資産税制改革と土地・住宅市場」『ファイナンス』2004年6月号、64～70頁、2004年
宮崎智視・佐藤主光「応益課税としての固定資産税の検証」『経済分析』第184号、99～119頁、2011年
宮崎智視・佐藤主光「資本への固定資産税の経済効果：固定資産税の『資本帰着説』の検証」『経済研究』第65巻第4号、2014年、303～317頁
山崎福寿「市場メカニズムを通じた、被災地の困難と復興コストの共有」伊藤滋・奥野正寛・大西隆・花崎正晴編『東日本大震災　復興への提言 持続可能な経済社会の構築』東京大学出版会、2011年、264～270頁

【た行】

【な行】

【さ行】

索引

【共編者紹介】

八田達夫（はった・たつお）

公益財団法人アジア成長研究所理事長

ジョンズ・ホプキンス大学教授、大阪大学教授、東京大学教授、政策研究大学院大学学長などを経て、現職。Ph.D.（経済学、ジョンズ・ホプキンス大学）。専門は公共経済学。

公益財団法人NIRA総合研究開発機構

（略称：NIRA総研）

NIRA総研は、わが国の経済社会の活性化・発展のために大胆かつタイムリーに政策課題の論点などを提供する民間の独立した研究機関。学者や研究者、専門家のネットワークを活かして、公正・中立な立場から公益性の高い活動を行い、わが国の政策論議をいっそう活性化し、政策形成過程に貢献していくことを目指している。研究分野は、国内の経済社会政策、国際関係、地域に関する課題。

地方創生《ちほうそうせい》のための構造改革《こうぞうかいかく》
——独自《どくじ》の優位性《ゆういせい》を生《い》かす戦略《せんりゃく》を

2018年9月15日　初版発行

共編者：八田　達夫
　　　　公益財団法人NIRA総合研究開発機構
発行者：松永　努
発行所：株式会社時事通信出版局
発　売：株式会社時事通信社
　　　　〒104-8178　東京都中央区銀座 5-15-8
　　　　電話03（5565）2155　http://book.jiji.com

印刷／製本　中央精版印刷株式会社

©2018HATTA, Tatsuo et al.
ISBN 978-4-7887-1583-7　C0031　Printed in Japan
落丁・乱丁はお取り替えいたします。定価はカバーに表示してあります。

時事通信社・発売

日本の課題を読み解く　わたしの構想Ⅰ　——中核層への90のメッセージ

ＮＩＲＡ総合研究開発機構　編　◆Ｂ５判　一四四頁　九〇〇円（税別）

本書は、今日の日本の課題について投げかけた「問い」への、88人の識者からのメッセージです。意見の多様性を広く知ってもらえるよう、90の凝縮した文章に編集し伝えます。——人工知能は近未来をどう変えるのか、イノベーティブな日本にするために何が必要か、元気な高齢者がよりよく働けるために何をすべきか、人口減少が続く中の地域の強みとは何か、所得格差の拡大に税制はどう対応すべきか、医療の質向上と費用抑制をどう両立するか、など。

日本の課題を読み解く　わたしの構想Ⅱ　——中核層へのメッセージ

ＮＩＲＡ総合研究開発機構　編　◆Ｂ５判　一三六頁　九〇〇円（税別）

本書は、現代社会を取り巻くさまざまな課題について、テーマ毎に5人の識者に同じ「問い」を投げかけ、それぞれの見解を簡潔で凝縮した文章に編集しました。読者の皆さんには、多様な意見を読み、自分なりに考えを膨らませ、思いを巡らしていただきたい。キーワードや年表を見ながら、「あなたの構想」を書き込めます。

ｐａｒｔ1　新ビジネスの波／ｐａｒｔ2　働き方の変革／ｐａｒｔ3　政治への参加／ｐａｒｔ4　世界と日本

ｈｉｎｔｓ——課題「解決」先進国をめざせ

谷口将紀　監修／ＮＩＲＡ総合研究開発機構　編　◆Ａ４判　七八頁　九〇〇円（税別）

政府債務や少子高齢化などを背景に、負担増と給付減、雇用の流動化といった「負担の分かち合い」が、近い将来、日本の政治課題になることは避けられません。日本が課題先進国から課題「解決」先進国へ変わるためにどうすればよいのでしょうか。オランダ、ドイツ、デンマーク、カナダ、イギリスの先進各国での改革事例から、日本へのヒントを考察しています。